带你感受文化的、自由的、承前启后的语文教育

我在台湾教语文

让学生不想下课的作文课

高诗佳◎著

台海出版社

图书在版编目（CIP）数据

让学生不想下课的作文课 / 高诗佳著. — 北京 ：台海出版社，2015.1
（我在台湾教语文 / 赵涛，李金水主编） （2020.1重印）
ISBN 978-7-5168-0555-8
Ⅰ. ①让… Ⅱ. ①高… Ⅲ. ①作文课—中小学—课外读物 Ⅳ. ①G634.343
中国版本图书馆CIP数据核字（2015）第015918号

著作权合同登记号：图字：01—2014—6706

本书为（台湾）五南图书出版股份有限公司 授权 北京兴盛乐书刊发行有限责任公司在中国大陆出版发行简体字版本

让学生不想下课的作文课

著　　者：高诗佳
责任编辑：姚红梅　　装帧设计：尚世视觉
版式设计：孙玉红　　责任印制：蔡　旭
出版发行：台海出版社
地　址：北京市东城区景山东街20号，　邮政编码：100009
电　话：010—64041652（发行，邮购）
传　真：010—84045799（总编室）
网　址：www.taimeng.org.cn/thcbs/default.htm
E-mail：thcbs@126.com
经　销：全国各地新华书店
印　刷：北京彩虹伟业印刷有限公司
本书如有破损、缺页、装订错误，请与本社联系调换
开　本：150×210　1/32
字　数：132千字　　印　张：8
版　次：2015年5月第1版　　印　次：2020年1月第6次印刷
书　号：ISBN 978-7-5168-0555-8
定　价：29.80元

推荐序一

老师的创意，激发小朋友的想象力

这不仅是一本作文教学示范的书，而且还是一本“美语教学法”的中文作文教学示范：简单地说，就是“中学为体，西学为用”。本书的作者摒弃了教条式的说理，代之以巧思的动态教学活动设计，激发小朋友的求知欲和好奇心，并引导到作文的学习上，完全是儿童美语教学的实况演出！重视肢体语言和小朋友之间的互动、关心小朋友的反应和营造课堂的欢乐气氛。课堂上，小朋友专注、欢悦的情景，孩子们脸上灵光乍现的领悟表情，跃然纸上。本书作者成功地展现出生动活泼的课程设计及教学规划！

最近，笔者走访多家书局，翻阅众多有关作文教学的书，这才发现坊间如雨后春笋般地冒出许多创意作文、小学作文、作文教学指引之类的书籍。可惜的是，大多数的作者徒有教学背景，或搜集成语、名言，或将小朋友的作文予以修订，并套用一些教学理论，就集结成书，似乎吝于和别人分享宝贵的教学经验，书中只有众人皆知的教学理念，既无创意教学，也无教学指引。如此一来，老师的教学和教材了无新意，如何激发小朋友的想象力？

在本书作者的“谈作文的创意教学”一文中，提到老师们应该“多方接受刺激”，从“不时与缪斯女神共舞”“广泛阅读‘怪书’”“原来创意是可以学的”“注意语言的共性”“教科书没有讲的，这里有！”“随时充电，蓄势待发”到“用心感受生活”七个段落，无非一再提醒老师们：要抢救孩子们的作文能力，先从充实自己、抢救自己的教学能力开始。确实，当老师需要教学天分，这是必须下功夫培养，才能充分发挥的天赋。而所有好老师的共通点，都是懂得善用教学天赋，由天赋中培养出教学能力。同时，好老师的教学方法和直觉很另类，他们的作风跟别的老师迥然不同，他们喜欢自编教材。诚然，用全心自创的“不按牌理出牌”的真正有创意的教学法，教学者就必须随时参阅中外书籍、勤于搜集资料，并将之消化吸收，内化为自己的语言，以平易生动的表达方式，开启小朋友想象的空间。这类型的老师是用天赋、知识和技巧来教学，即是以能力来教学。笔者倒以为，“既教又学，教学相长”，正是作者撰写这一部分内容的寓意。

“教小朋友作文”真不是一件简单轻松的工作！本书作者和笔者几次讨论撰写本书的动机，构想时，她提到：“当我走进教室时，脑海里已经想好许多教学方案，就看当时的环境和小朋友的需求，挑出新鲜有变化的方式，每一堂课一定要带给小朋友惊喜……我喜欢看到整个作文班动起来，那也给我许多教学的乐趣和思考的灵感。”的确，在课堂上，小朋友的动作太多、话太多，状况百出。如何让他们集中注意力，又能高高兴兴地上作文课呢？更如何让你的课堂成为“让学生不想下课的作文课”呢？这值得老师们深思与反省。

TOEIC全球模考股份有限公司总经理、

国际职能教育发展协会CEO

高志豪

推荐序二

治愈你的“作文教学忧虑症”

曾听过一句谑语：“上辈子杀过人，这辈子教作文。”如此夸大的说法，倒也道出了“作文教学”的苦水。

近年来学生的语文程度、作文能力普遍下降，已成为社会舆论相当关心、忧心的课题。大学生作文不好，可以怪罪于高中时期没被教好；高中生作文欠佳，可以推给中学；中学则可以推给小学；小学的语文老师就必须概括承受。事实上，小学老师也很难辩白卸责，毕竟万丈高楼平地起，小学六年确为学生扎实基础的黄金时段，如果这期间学生都视作文课为单调无聊的疲劳轰炸，视作文为畏途，一旦破坏了学习的脾胃，寄望日后，着实不易。小学老师们担负如此重大责任，确实辛苦！

不只小学老师，这几年，为应对作文在各项考试的举足轻重分值，许多作文辅导班如雨后春笋，纷纷开立，任课老师们恐怕也必须面对学生及家长课后反应意见的压力。

究竟该怎么教，才能使作文课免为教条式地照本宣科，引发学生的兴趣而日起有功，营造出欢愉、热烈的学习氛围，使作文课成为叫好又叫座的课程，是老师们应该深思的问题。如果你翻阅过的作文书籍，仍无法满足上述要求；如果你一想到要教作文就心惶惶、脑钝钝，满怀焦烦，郑重向你推荐这本《我在台湾教语文：让学生不想下课的作文课》，它能治疗你的“作文教学忧虑症”，使你上起课来如拨云见日，柳暗花明。

这不是一本一般的纯文字概述的书，而是一本造境鲜明、有声有色、循循善诱、情趣盎然的“绘本”。透过文字，我们来到诗佳老师的作文教室，从十三堂课的示范中，为你解答“究竟该怎么教”的问题，并归纳出具体可行的方法：

①讲台即舞台：为吸引学生、引发兴趣，教者应当明白教学也是某种形式的“演艺”，调整“为师必须道貌岸然”的心态，试着从声音、表情、肢体、语言等方面，依实际需要予以变化，甚至扮演不同的角色。

②用心设计：一场精彩的表演，除了表演者本身的演技外，节目或情节的精心设计，更是决定成败的关键，作文教学亦然。事先用心设计、安排，会让教者在授课时，得心应手，让学生感受到他的认真、自信与魅力。本书最值得称道

的，便是每堂课的每个部分均井然有序，脉络分明，足以参考取用和学习。

③导引参与：在学习活动中，学习者的参与程度决定着成效的高低，教者的任务在于导引、协助、鼓励参与。本书设计了多元化的活动，借着让学生讲故事、编剧、表演、玩游戏、互相对话等，鼓励他们去动、去听、去看、去闻、去想、去做，以激发孩子的潜力，累积作文所需的素材。同时细心地关注到“内向的”“胆怯的”学生，贴心地安排适合他们的参与方式，表露了“因材施教”“一个也不能少”的教学态度。

④情境教学：情境营造氛围，氛围产生感染，故身临其境较之听闻，感受更为深刻，善用情境教学，也是本书的特色。为了介绍“拟人法”，让学生藉着想象，化身为文具盒中的铅笔、橡皮擦；为了讲解“记叙文”，老师化身为导游，教室成为景点，营造出“旅游情境”，带领学生去注意、观察身边的事物，加以记录整理，作为记叙文的写作素材，使学生对于记叙文的撰写，有了生动而切身的认识。

⑤唤醒经验：记忆与经验是写作材料的主要来源。别人的经验固然可写，自己的经验尤其可贵。本书透过问题的设计、交互式的讨论，引导并帮助学生唤醒记忆，陈述经验，在实际作文时，便能有话可说，有事可写，内容因而丰富。

⑥随机指正：教学贵及时，及时且随机纠正错误、调整

观念，最能让受教者印象深刻、铭记于心。在“夸大法”的教学中，我们看到当学生举出欠妥的夸大句例时，老师立刻予以指正，并给予重新修正的机会。

如果你即将加入语文教学的行列，或对自己目前的语文教学感到心虚、忧虑、不满意而亟思改善，本书的用心、巧思及创意，将能对你有所帮助。

东吴大学中国文学系副教授
刘玉国

自序

教作文，真不简单！

教学真是一件不简单的事，只有当自己亲身经历，才能了解站在讲台上的老师们，是多么不简单。记得在大一时上第一堂课，见到教室门口走进一位年轻斯文的男老师，他的脸上挂着副大眼镜，却掩饰不住羞赧的神情。

老师在第一堂课，就与我们分享了初次教学的经验。当时他读博士班，在专科教授语文，第一次上台讲课，紧张得全身发抖，他的手按着讲桌，讲桌竟然也跟着“格格”作响起来。等他好不容易镇定下来，却很快地将准备了两周的内容，在十五分钟内就讲完了。他心想：“完了，接下来的一堂半，该怎么撑过去呢？”当时我听了，忍不住哈哈大笑，没想到两年后，轮到我当老师了，才发现，自己其实也是菜鸟一只。

多年以前，我刚开始教儿童作文班时，真是深感挫败。我自认为当年我的老师们，确实是教出了像我这样的好学生，因此我的脑中根深蒂固的，全部是过去我的小学老师们的教法，我认为那是有效的、最佳的教法，没想到这个想法却让我在第一堂课时，就受到了极大的打击。我的第一次教学，也是在全身发抖、面色苍白，及头脑发晕的状况下开始的，虽然台下坐着的，全是三、四年级的小毛头，但我就是抑制不住紧张。

接着，我就和我当年嘲笑过的老师一样，也在十五分钟内，讲完了准备了两周的内容。然后学生们开始吵闹，我又摆出“当老师的架式”，自觉可以用威严震慑住，然而小朋友并不吃我这套，于是我又尝到了被学生当成影子的感受。这就是我那痛苦的第一次教学经验。由于第一次的教学太痛苦，促使我彻底反省自己对教学的观念和想法，在没有人带领的独自摸索中，我摆脱了过去所接受的传统教法，体悟到现在的孩子和当年的我们，已经有很大的不同了，因此有必要作一番调整，更认识到在教学中，利用游戏和思考引导的重要。

“授之以鱼不如授之以渔”，教导孩子学会思考，应当比教会孩子许多修辞技巧更加重要，因为字句的锻炼，可以靠着阅读和写作经验来训练，然而学生们“脑袋里面的东西”，却需要老师们花更多的心力，将其挖掘出来。方法便是利用各种刺激、引导，帮助孩子回忆旧的经验，并创造新的经验，才能使他们增广见闻，写作时才有灵感和充实的内容。对老师而言，具有创意和趣味化的思考引导，才能摆脱生硬、僵化的填鸭式教学，使孩子们不再害怕写作，进而产生学习兴趣。而教师们更能从这样的教学实践中，激发自己，开创无限的创意潜能，成为真正有创造力的教师，这正是所谓的“教学相长”。

本书的撰写精神，首重在“思考引导”，重视交互式的教学情境，藉由师生讨论、灵感启发、问题引导，帮助孩子思考及组织作文素材，丰富孩子的生活经验，以增加写作材料。我撰写此书，除了希望将自己的教材与经验，和许多热心教学的老师们分享以外，也希望透过这本书，帮助许多有志于从事语文教学的未来老师们，顺利完成人生中的第一次教学，和往后的无数次教学。同时，也希望各位老师们不吝赐教，让本书能臻于完美。

最后，感谢我的父母，谢谢他们给了我一个健全温暖的家，在我人生的许多重要转折，给予我充满智慧的建议。感谢母亲为我的书，画了几幅可爱的图画，感谢父亲为我的书撰文，让本书生色不少。感谢张曼娟老师，在我对自己的未来茫然无绪时，给我机会，让我在小学堂服务，从老师身上，我学到了许多宝贵的经验，更感谢老师对我的照顾与包容。感谢王琼玲老师与刘玉国老师，曾在我人生最困顿时，在我的学业遇到困难时，给予我温暖与协助。王老师的“曾经的惊天动地，都将会云淡风轻”及刘老师的“人在这世上，就是要彼此取暖”影响我至深。感谢诸位老师对此书的推荐。最后，感谢出版本书的出版社，谢谢各位编辑辛苦付出。

高诗佳

目录
CONTENTS

谈作文
的创意教学

引言

▶作文课的传统静态印象

“作文课”是一门将文字书写在纸上的课程，这使它很容易就变成静态的课。

让我们把时光倒回二十年前，当时学校的语文老师奉行如下的上课方式：教师站在讲台上讲课，表情严肃而认真，讲课的顺序首先由相应课文的作者开始，介绍名字、籍贯及著作。

其次，解释本课所使用的体裁，是记叙文、抒情文，还是议论文，若是小学老师则省略这个部分不谈，因为孩子太小了，听不懂。

接着，老师会带领学生读一遍课文，再逐字逐句说明意思，并与注释合并解说。

最后，老师会要求学生再念一次课文，然后要学生回家背诵，下次上课时考默写。

再让我们看看二十年前的作文课：学生安静地排排坐在教室，把干净的稿纸和笔摆在桌上。老师走进教室，一声不吭地笔直往黑板走去，拿起粉笔，便在黑板上书写四个大字："我的母亲"。

年纪比较轻的老师会放下粉笔，微笑地告诉我们："今天的作文题目，就是要你们写自己的妈妈，记得要写出妈妈是怎么照顾你们的喔！要写完一张稿纸，字数太少的话，老师会退回去要你们重写。好，开始！"

如果是年纪比较"资深"的老师，则是面无表情，简单扼要地说："今天的作文题目是'我的母亲'。好，开始写！"连说明题目都免了，然后大家开始写作文草稿，修改完毕，再抄写好交出去。

同样的场景，今天仍然见得到。

▶建立动态的作文教室

为何作文课只能停留在单调的纸笔练习上？

许多语文或坊间作文班的老师都知道，要提高孩子的中文程度，必须使用活泼、有创意的教学活动来引导，如果我们还在使用传统的讲述法，那么我们必须清楚，活泼、有创意的教学方式，已被公认是"有效的"。

我们的学生只有在对老师的教学有兴趣的情况下，才能真正地学到东西。因此，如何有效地使学生对学习产生兴趣，是十分重要的事。

想要使学生对学习产生反应，就要利用动态的学习方式。动态学习与传统静态学习的差异，是显而易见的，老师给予的刺激（教学活动）与学生接收的反应（学习成效）具有密切的联系，老师给的刺激越少，学生的反应也就越差。

教师应试着将教条式的写作技巧理论，经由课堂的活动，转换成新的讯息，并对学生的心理造成刺激，才能使学生牢记，并活用这些写作技巧，因而带有游戏性与趣味性的学习，才能引起学生的兴趣。

孩子天生就是个探险家，本性具有强烈的好奇心、求知欲与表演欲，教师必须提供学生具有童心的、鼓舞的与好玩的学习环境，才能达到最佳的学习效果。

写作本身便是鼓励创意与天马行空的想象，我们要鼓励儿童天生的创作力，而非去压抑它。透过游戏与活动，能够刺激儿童的想象力与创作力，所以，我们应该努力建立一个动态的作文教室。

▶深切省思

如果我们发现自己的教学和二十年前相比，并没有什么太大的变化，那么我们应该开始深切省思。

本章将与你分享，身为语文老师的我们，能够从哪些方面调整自己的教学方式，以及如何运用简单的方法，安排课程内容，并经由举例、肢体语言和幽默感，来展现你的个人魅力。

1. 举出新鲜的例子

▶例子是舞曲的前奏

我们撰写作文，常利用举例的方式，来说明某种现象或事理，也就是作文“举例法”。所举的例子原则上须简明扼要、清楚浅显，读者才能对作者想传递的讯息，有深刻的印象和正确的认识。

同样，讲课属于口头说明，教师如果能利用适当的例子，就更能收到良好的教学成果了。教师举的例子必须是学生听过，或特别有意义、有趣、感人的例子，才能在课堂一开始就吸引住学生的目光。

“举例”在教学上具有举足轻重的作用，却常常受到忽略。有些教师通常以十分平实的态度，从课本挑出重点加以整理，然后对学生说明这些重点，最后再让学生练习，或是把这些重点和习题写在黑板上，让学生抄下，以便日后的复习与准备考试之用，一堂课便在教师冗长的叙述中结束。

也许是认为举例并不重要，因此这些教师在讲课时，常常跳过“举例”，或是直接引用许多名人佳句、生活实例，却并不加以变化，因而显得平淡无趣。

但是，有许多经验丰富的教师，却能以引人入胜的方式，让学生学得愉快，同时对学习的主题印象深刻。这些教师深刻地了解儿童的注意力容易分散，无法持久，所以努力地寻找别出心裁的例子，以吸引学生的注意，让学习成为一种愉快的经历。

▶也来举例！

那么，到底什么样的例子才是新鲜有趣的呢？

举例来说，某位语文老师告诉孩子什么是名词，他是这样说的：

名词是我们对事物的称呼。

例如：猫、狗、河川、山、天、桌子、电视等等。这些就是名词。

如果世界上没有名词，就像人没有了名字，那时我们要怎么称呼别人呢？

说完以后，就开始讲解名词在句子中的位置与使用的方法。

看起来，这位语文老师的教学内容正确无误，比喻也很恰当，但可惜太过认真严肃，如果能够找到更有趣的例子，就能更吸引学生对课程的投入。

有些特殊的例子，会值得当教师的你，在教学生涯中一再使用，虽然这些例子被用了无数次，但它所受到的欢迎程度，却从来不打折扣，而这些有趣的例子，不一定只能在一般教条式的书籍中才能找到。

有一次，我偶然翻阅Michael Strumpf与Auriel Douglas合著的《英文文法圣经》（The Grammar Bible），看到作者举例说明何谓名词：

想想看一个没有名词的世界会是什么样子？

想想看你点餐时，如果不使用名词，会有多困难、多荒谬？

——我要点那个外面有两片软软、圆圆的东西，里面是棕色有嚼劲的东西，铺上红色、黄色和一些圆圆、绿色东西的那个物品。

此例的答案是“汉堡”。

作者模拟没有名词时点餐的状况，使读者很容易想象，并了解名词的重要性。如果我们在课堂上引用这个例子，可以配合带有表演成分的肢体语言，作更好的发挥。

我们可以这么对学生说：

小朋友，如果世界上没有名词的话，我们要怎么点餐呢？

那时候我们可能会对店员说：

“先生，可以给我一份外面有两片圆形的软软的东西（教师的两只手掌张合），里面夹着一些红色、黄色、绿色的东西吗（教师的手指作洒粉末状）？”

如果你们是店员，你们听得懂老师点的是什么餐吗？

▶古典例子，创意翻新

除了原封不动地引用例子，有时候为了让听众也就是学生能够容易理解，教师也可将找来的例子稍作改编，以推陈出新（尤其当例子的来源是中国古典文学作品时）。

有时我们面对的学生年龄较小，可能听不懂，或无法理解例子的精要之处，所以教师将例子作适当的改编是必要的。

有次，我对学生说明什么是“对话”，以及如何书写作文中的对话，便想以明代李开先创作的院本《打哑禅》为例，说明世界上人与人之间若没有对话，很可能会导致误会，同样，作文若没有对话的书写，读者也不容易了解人物的思想情感。但是笔者面对的是一群小学三、四年级的学生，由于补习班混龄教学的缘故，学生当中还有两、三位小学二年级的孩子，为了让所有孩子都听得懂，于是灵机一动，将《打哑禅》的情节改编如下：

有一个小朋友名叫阿明，到一座寺庙游玩，在庙里遇到一个老和尚。

老和尚看到阿明，就过来用一根手指，对他比了一个“1”，阿明看了，就伸出五根手指比了“5”。

老和尚看了，点点头，就对着阿明伸出拳头。

阿明看了，就对老和尚挥了挥手掌。

老和尚看了，又点点头，面带微笑地走了。

后来旁边的人问老和尚是什么意思？

老和尚说：“我是问他一天参拜佛祖几次，他回答五次。接着我握拳鼓励他要坚定自己的信仰，他挥手回答我没问题。”

人们又去问阿明，阿明说：“老和尚问我一天吃几碗饭，我回答五碗。然后他听了很生气想打我，我就对他挥巴掌表示我不怕他。”

小朋友，从这个故事我们知道，如果没有对话，就不容易让别人了解我们的意思喔！

学生对此例的反应既觉惊讶，又觉有趣，他们都以为阿明与老和尚挥拳拍掌，应该是要打起来了！没想到老和尚与阿明彼此的想法差异这么大，可见对话是多么地重要。

教师举此例的时候，同时可以配合肢体语言，夸张地比出1、5、握拳与挥掌的动作，学生将因教师晃动的手势与身体，和故事内容的有趣易懂，而深深地被吸引。

▶例子的来源不受限制

教师所举的例子宜深入浅出，例子的来源可从易处找，也可从难处寻，不一定只能从生活中寻找。例如在英国小说家福斯特的《小说面面观》中，开头就举了一个有趣的例子，说明故事与情节的关系：

国王死了，然后王后也死了。

国王死了，王后也伤心而死。

这两组例子的差异，在于第一组只说明故事，并不具备情节，但第二组却说明故事的因果关系，交代王后是因为国王死了，才伤心而死的。“故事”是讲述依照时间安排的事件，但“情节”重视的却是因果关系。

福斯特举的这则例子的主角，是童话的国王与王后，虽然此书多半是大学中文系的学生读的，但“国王与王后”对儿童来说亲近易懂，两组例子的差别也显而易见，教师容易说明，学生也容易接受，因此，例子的来源有时也可以从深奥的书籍里寻找。

教师更可将此例进一步发展，将第二组的“伤心”作延伸，进一步补充王后伤心的原因，让孩子更容易理解：

国王死了，王后哭着说：“你怎么可以丢下我就先走了？”

不久，王后也死了。

如果教师在课堂的一开始，就举出有趣的例子，作为开场白，会使学生的精神为之一振。等到正式进入教学主题之前，再举一个适当的例子，更容易令学生的思考与你的教学主题衔接了。

所以，一个好的语文老师，应当在举例上，多投注一些热情与用心。

▶教学幽默化

教学时，偶尔自嘲一下也不错！还可以适时地化解尴尬。

因为小时候没有学好握笔姿势，我的字体一向不够端正，尤其在课堂上为了赶时间，写板书的字体时常是扭曲的，以至于背对着学生写字的我，偶尔都会短暂地羞红脸。

可是，我又必须善尽老师的职责，提醒我的学生："字体要端正喔！"似乎是自相矛盾。有一次，我就对学生说：

小朋友，写字要漂亮一点喔！不然就会像黑板上的字一样（手指黑板）。

小时候，我的老师对我说："哎呀！你长得漂漂亮亮的，为什么字写得那么丑呢？"

我听了却很高兴，因为老师说我“漂漂亮亮”。

然而我却没有把老师后面的话听进去，所以现在的字就变得那么丑，只好每天在家里练字了。

学生听了，觉得好笑极了！一方面，他们了解我要他们端正字体的用心，另一方面，也因为我选择性地听老师的话，而感到好笑。当然，从此也没有人嫌我的字丑了。

对于孩子常写错字的问题，我们可以省下责备的时间，将错字问题转化为幽默好笑的实例：

小朋友，你们一定有因为写错字，而被老师在稿纸上圈起来的经验吧？

文字是不是长得很像？因为文字是一个一个的方体字，而且你们不能理解和辨识文字的个别差异，就常会写错或看错。

一则影剧圈流传的笑话是这么说的：

话说有一个演员，名字叫作“马芮”，他的名字常常被看错。

有一次，马芮去医院看病，轮到他时，门诊医生就喊：“11号，马内！”

接着，他去照X光，帮他照片子的医生看了一下他的病历资料，又叫他“马茵先生”。

接着他去领药，领药时，药剂师连看都不看他一眼，就叫他“马丙”先生。

最好笑的是，打针时护士看了他的病历后，竟然哎哟一声说：“怎么有人的名字叫作‘马肉’啊？”

小朋友，你们该知道“错字”是多么糟糕的一件事啊！

学生自然笑得前仰后合，对于认错字所造成的误会，觉得不可思议。接着，教师就可以开始讲解“芮”“内”“茵”“丙”“肉”等字的差别，并说明辨识形似字的技巧。

教师在教学上运用幽默感，不但能化解师生冲突、拉近距离，制造出轻松、和谐、欢乐的课堂气氛，还能使学生挑战既有的规范，提升创造力，并能充分理解教师想要表达的教学主题。

2. 舞动肢体语言

▶夸张的动作抓住孩子的目光

前文提到，作文教学一般被视为静态的课程，在传统的教学活动中，教师通常以说话和写板书的方式，将教学内容传递给学生。

事实上，良好的教学活动必须借助教师的听、看、说、动等各方面的表达形式，才能吸引学生的注意力，增进学生对课程的学习与记忆。

教师讲课时的说话语调、神态表情、手势动作等，皆直接影响学生上课的情绪与课堂气氛，而“课堂气氛”更是影响教学的一项重要因素。如果我们总是用平板的声调来教学，学生将感到枯燥无聊，学习与注意力自然降低，因此教师应该时常改变说话的速度、音调和表情。

此外，教师能否善用肢体语言，甚至将肢体语言与教学主题作妥善地结合，也将影响教学的成效。

▶标点符号教学结合肢体趣味

以标点符号教学为例，一般的标点符号教学着重练习与使用，教师将标点符号一个个抄写在黑板上，并对学生解释每个标点符号的定义，或使用填空的方式让学生练习。有些用心而有才气的教师，为使学生容易记忆，甚至花心思将每个标点符号，编成许多小故事。

然而这些故事虽然有趣，但学生往往无法从中顺利地转化为记忆，进而正确地使用出来，使得标点符号的学习，不是沦为枯燥的纸上谈兵，就是迷失在一个个有趣的故事中。

其实，标点符号教学若能与教师的肢体语言结合，将能帮助学生充满乐趣地学习，并对于每个标点符号的特性，有充分地了解。

一开始，教师可选择几个作文常用的标点符号，并示范每个标点符号代表的语气与情境，说明人有喜、怒、哀、乐等各种表情，而文字也有表情，标点符号便是文字的“表情”。

如果作文没有标点，或通篇只有逗号与句号，文章就成了“一号表情”，此时，教师可模仿“面无表情”的样子。接着反问学生，如果作文没有标点符号，会变得怎样呢?

教师可将例子写在黑板上，并分别模仿没有标点符号时的语气，及有标点符号时的语气，如：

今天早上我推开窗户一看哇看到一道彩虹耶（没有停顿的平板语调）

今天早上，我推开窗户一看，哇！看到一道彩虹耶！（语气有停顿与惊叹）

由以上两组例子的比较，学生便能轻易地理解标点符号的重要，然后教师可开始逐一模仿不同标点的符号，造成句子语气的各种变化。

教师可选择内容相似的句子，以不同的说话语调，来突显不同标点符号所造成的语气差异。例如教“问号”时，以疑问的语调说：“我们搭公交车去上学，好不好？”教“句号”时，以笃定而明确的语调说：“我们搭公交车去上学。”而教“惊叹号”时，以命令、有一点凶的语调说：“我们等一下搭公交车去上学！”教“逗号”时，则以停顿一下、话未说完的语气说：“我们搭公交车去上学，或走路过去。”来区分逗号和句号的不同。

而我们教“省略号”时，可以用吞吞吐吐、犹豫的语调说："我们……搭公交车……去上学。"教"顿号"时，则以停顿、计算、数数儿的语调说："我们可以选择走路、骑脚踏车、搭公交车、坐地铁等方式去上学。"而教"冒号"与"引号"时，可以说："妈妈对我说：'上学要记得带便当喔！'"并说明上、下引号和冒号的位置与用法。

当教师对标点符号所象征的语气、表情做完模仿与说明后，可出一些题目，让孩子上台模仿老师，表演不同的标点符号所造成的不同语气，在玩乐中加强孩子对每个标点符号的记忆。

这样的教学方式，使学生对标点符号的印象极为深刻，经过这堂课，以及教师平日的提醒，学生多能正确地使用标点符号了。

▶自编故事，配合演出

除了肢体语言，教师也可以自编一两个有趣的笑话或小故事，作为课堂的开头，使标点符号的课程成为令人期待的、有趣的课。每一位老师，都要设法使自己成为优秀的"说书人"。

为引起学生的兴趣，故事或笑话的主角，最好是小朋友耳熟能详的，例如：

小朋友，你们知道谁是柯南？谁是小兰吗？他们是《名侦探柯南》的男女主角对不对？我们都知道，柯南和小兰在小学就是同班同学，非常要好喔！

有一次，他们放完假回来上课，小兰偷偷传给柯南一张纸条，上面写了一个“？”。

柯南看了，也写给小兰一张纸条，上面写着“！”。

请问各位小朋友，这是什么意思呢？

此时，学生会纷纷发表他们的猜测，甚至彼此辩论起来，最后教师再公布答案：

原来小兰是问柯南：“昨天玩得快不快乐？”柯南回答：“太开心了！”

他们怕纸条的内容被别的同学或老师看到，所以才用标点符号来代表。

小朋友，是不是很有趣呢！

这样的小故事不但有趣，也使学生容易理解标点符号的使用。现今的学生已不能满足于传统的讲述法，语文老师必须自行开发多种创意，来抓住学生的心，更要展现教师的个人魅力，使用灵活、夸张的肢体语言、表情及声调，以吸引学生的目光。

教师的肢体语言在作文教学上，是不可或缺的，传统的作文课很少注意这点，以致给人沉闷乏味的印象。让学生能全心投入，并对课程充分理解与记忆，就要看教师如何将肢体语言与教学主题，做最适当的结合。

▶不只是游戏而已！

人与动物都需要游戏。

我观察到，我养的猫咪时常在我靠近它的时候，突然一个“鲤鱼打滚”翻身躺在地上，两只小小的前脚握拳对着我伸过来，做出拳击手的挑衅动作，希望引诱我和它一起玩。

我养的狗也常和我争夺一条毛巾。通常是我的手拿着其中一端，狗咬着另一端，我们玩着类似拔河的游戏，这时我的狗喜欢甩动它的头部，喉咙发出“哼哼”声，我知道它的目的是游戏，而不是抢那条毛巾。

这让我思索一个问题：游戏真的是为了无聊、为了打发时间吗？除了这些，游戏应该还有练习技艺、培养情感、训练肌力、宣泄情绪等好处吧！

▶ “游戏”是孩子的文化

从教学的观点看，游戏可以引导孩子发挥出创造力、愉悦与快乐的感觉，因此游戏是学习的最佳媒介，尤其年纪越小的孩子越需要游戏与活动。

教师可以适时地介入游戏，负责引导与互动、鼓励游戏，使游戏成为学习的媒介，并透过游戏，维持孩子的学习动机和兴趣。

我们可藉由各种材料，来模拟教室以外的各种情境，如家里、公园、商店、剧场、城堡、动物园、飞机客舱、蜡像馆、海底世界、医院等环境，让孩子很快地融入游戏，充分体验大人的世界，也可以在活动中加入玩具、猜谜、抽奖、角色扮演、涂鸦、唱歌、感官训练等，使课堂充满变化。

即使是教导孩子写游记，也可以一改传统教记叙文的方式，带孩子实际规划旅游行程，从决定目的地、路线、订票、讨论景点到绘制地图，使孩子的写作内容更有料，这也是训练孩子生活能力的一种方式。

根据过去的经验，我发现当我开始在作文教学中使用游戏，许多孩子便抛弃其他课程如数学、珠算、书法的学习，而来报名上语文。后来补习班最受孩子欢迎的课程便是绘画课、英文课和作文课，因为这三个课程都令孩子有“寓教于乐”的感受。

▶讲课也很重要！

除了认识游戏的重要，教师也应该知道，游戏只是教学过程的一部分，并非教学主题。一位教补界十分资深的前辈高志豪老师（全球模考公司CEO）对我说：“讲课才是王道！”前辈的话引我进一步去思考。

确实，教师除了会设计游戏、带活动外，更要磨练讲课技巧。带游戏与讲课，两者都是很重要的，必须能穿插使用。有时我们需要讲述写作技巧，有时我们需要游戏，完全的讲课与完全的游戏，都不是理想的教学方式，因为没有任何单一的教学方式，可以应用于所有情况。

我们必须明白，游戏不是上课的目的，也不是任何单元的学习都得游戏不可。游戏是教学的过程之一，磨练讲课及引导的技巧，同时也是我们努力的方向。

3. 主题式课程设计

▶课程安排也有起承转合

语文教学也和其他的学科一样，需要清楚的步骤与逻辑，有些老师虽然是大学或研究所的中文系毕业，熟知四书五经与诗词歌赋，本身的专业学养足够，而且都能写出好文章来，但若说到“教写作”，便又是另一回事了。

我们都是中文系或语文教育科系毕业，知道自己的中文程度很好，已经了解了所学的专业知识，但就是无法清楚地解释给别人听。要知道，当我们能将这些知识传授给别人，才能说是真正掌握了它，并且拥有了这个知识。

美国的小说家安妮·伯奈斯（Anne Bernays）除文章广见于《纽约时报》《华盛顿邮报》《运动画报》等刊物外，同时也长期从事写作教学。她谈到第一次听到要教写作课的消息时，简直是吓呆了，不知道该怎么把每天都在做的事，转换成课程内容。后来，安妮·伯奈斯强迫自己开始组织、分类脑中那一堆杂乱无章的小说技巧，同时认识到：大部分的好老师，都有一种戏剧特质，每次的上课就是一场“公开表演秀”。

从安妮·伯奈斯的经验可知，安排课程内容需要组织与分类，也意味着需要清楚的逻辑概念。我们为了让学生容易听懂，必须将一堂作文课，分割成几个部分，不只写文章需要段落结构，课程内容也需要起承转合。

若以舞蹈为比喻，教师在课堂开始时，对课程主题所作的说明，以及为了效果而讲的笑话、故事或例子，就像舞曲的前奏或序曲，可以吸引学生的注意，并缓缓地将他们带入教学主题。

▶一次给一个主题

如果您的教学对象是一群小学生，我不建议在短短的一堂作文课里，同时教授多种修辞方法或技巧，这样做如同在一辆小汽车里塞进二十个人，超过了正常承载量的数倍，程度较低的孩子，将无法在一堂课当中，同时吸收及记忆多种知识。

教师可视学生的程度，选择一种或两种写作技巧，成为一堂课的主题，在这次的作文课中说明该技巧的几种变化，并让学生立刻练习造句，或进行与主题相关的活动，以加深印象。

若是碍于教学进度，必须于期限内完成，而不得不一次教授孩子多种知识，建议您可选择其中一、两种技巧，深入说明，其余数种则作概述即可。

▶教学活动有如乐曲的高潮

教师说明教学主题后，学生对于所学的写作知识，有了基本的认识，此时如同乐曲进入了高潮，教师可开始进行与主题相关的教学活动，这也是学生最兴奋期待的时刻。

教师可利用游戏、音乐、绘本、影片等各种工具，来进行教学活动，但需与教学主题有直接关系，以教学为目的去发展活动，否则就只是“玩”而已。

学生面临写作的最大问题，就是灵感的缺乏，也就是缺少写作材料，发展教学活动还可以帮助学生找寻灵感，作文题目也应与教学活动有关联性，学生才能在完成活动后，得到写作的灵感。

▶命题不以“为难”为目的

作文的命题关系到学生对作文的掌握，好的命题容易使学生掌握重点，也较容易运用所学，写出好的文章。

作文命题应以浅显而具体，明确而不抽象为原则，因为年纪小的孩子尚无法理解抽象事物，也无法提出个人见解，因此可以抒情文或记叙文为主，高年级的孩子则可尝试撰写议论文。

命题的范围则宜以生活经验为主，尽可能在课堂上为孩子回忆旧经验，或创造新经验，例如让孩子试吃食物，以建立或唤起味觉经验，作文题目便可命名为“水果的滋味”或“难忘的馒头香”等。

命题也宜以学生的生活圈为主，如“我的校园”，带孩子在校园观察，提醒他们平常容易忽略的事物。学生面对熟悉的生活环境，写作有足够的材料，作文便容易发挥。

教师在命题上，应以协助孩子写作为目的，而非为难孩子。

▶每堂课都有要表达的主题

教学活动结束后，就进入了课堂的尾声，也就是对作文题目的解说，之后学生便开始写作，教师则巡视指导，课堂气氛由动态转入静态。

下面以坊间作文班九十分钟的上课时间为例，说明教学内容的安排：

教学安排	教学安排
A 说明写作技巧	10–15分钟
配合学习单	10分钟
B 教学活动	15–20分钟
配合学习单	10分钟
C1 解释作文题目	5–15分钟
C2 作文	30–40分钟

（教学内容安排图表）

基本上，我们可将课堂分为A、B、C三个部分。

A是对学生讲述本课的主题，内容可以是故事、例子、笑话或写作知识，说明后再配合学习单的练习，以确定孩子对学到的写作技巧，已有基本认识，也可以在B的教学活动结束后，再进行学习单的练习。

B为与A部分呼应的教学活动，藉由活动与游戏，帮助孩子寻找写作灵感及素材，最后C部分才是说明作文题目和段落安排的技巧，让孩子开始写作。

如此，将教学主题、教学活动、作文结合成一个整体的课程，就是主题式课程设计。当然教师也可以视自身的教学需要，作适当的调整或变化。

“配合学习单”是为了协助孩子，练习学到的写作技巧，也可以协助孩子按步骤建立文章结构，便于最后的组织成文，但并非每次作文都需要使用学习单，教师可依照课程需要，来决定学习单的使用与否，自由支配每个部分需要的时间。

动态的作文课，就像教师与学生一起在教室里，愉快地翩然起舞，而非专属于教师的单人舞；教师又像个指挥家，带领孩子们挥洒出悠扬美妙的文字旋律。

课堂开始时，教师带来有趣的例子、故事与笑话，如同悠然的乐声扬起，让学生情不自禁地沉浸其中。当教师带领学生展开教学活动时，学生也将一起随着活动的节拍起舞。最后，热情的气氛在歌声音影中逐渐远去，归于舒缓沉静的尾曲，将课堂所获得的经验与知识转化为文字，写出一篇篇动人的文章。

4. 多方接受刺激

▶不时与缪斯女神共舞

《远见》杂志在2007年1月说："现在，最红的人才不是管理人才，而是创意人才。"创意人才出现在社会的各个角落，各行各业都有创意的需要，教育事业亦然，作文教学尤其需要创意，因为写作本身就是一种创意的活动。

但是，教学的创意从何而来呢?

一个有专业追求的语文老师，就像作家或其他创意工作者，难免会遇到灵感枯竭的时候，我们应该时常让自己暴露在一些刺激当中，尤其是知识性刺激。

所谓知识性刺激是指：以知识增长的方式去寻找灵感，促使个人成长。例如，当我们听到一首流行歌曲的歌词，就突然有了试卷命题的灵感，流行歌曲作词家方文山写的歌词，就经常出现在语文试题中。有时当我们看了一段影片，听到某人的谈话，灵感就突然出现了，许多广告词也是语文教学的材料来源。

我们应该让自己时常有创造灵感的机会，这需要时常阅读，感受生活，并勇于尝试新的技能。

▶广泛阅读“怪书”

这里的“怪书”没有不敬的意思，指的是以特殊的写作方式写成的书籍，以及非中文专业的书籍。观察这些书籍特殊的写作方式，可学习作者是如何地观察事物，如何以各种角度了解自己的专业，而阅读其他领域的书籍，则能拓展我们的视野。

我们若仅阅读自己的中文专业知识是不够的，那会使思考变得单调。

我们可藉由接触其他领域，让自己离开原来的模式，才能打破框架，以不同的角度去思考事物。我们必须要广泛阅读，不能只懂自己的专业领域，因为许多事理存在互通性，可以触类旁通。

中文系的我们，时常被批评躲在象牙塔里，或睡在古人的经典里。面对这些不友善的批评，我们听了难免躁动，可以不去理会，然而我们必须设法避免陷在自己的框框里，避免它成为一种习惯。

我们的广度必须要够，借着阅读不同领域的书籍，变化思考模式，让自己能摆脱固有的习惯，对于我们的教学生涯，一定会有帮助。

▶原来创意是可以学的

想要藉由创意解决问题的人，不可不读谈论创意的相关书籍。这两年，创意类书籍大行其道，成为书市的主流，告诉我们：原来创意是可以学的，因此人人都可学创意。其中，剧场大师赖声川的《赖声川的创意学》，与大师文化发行的《大师轻松读——发明大王不必是天才》[①]，会是一个很好的选择。

赖声川的《赖声川的创意学》以自己的经验，分享了他的创作历程。书中的创意金字塔将创意学习分为“生活”和“艺术”两部分，带领读者分别进行两种性质不同，但功能相连的学习。

大师没有提供任何速成的方法直达创意，却能让读者从他的创作经验中，间接地了解创意，同时也进一步了解自己、诚实地面对自己。这是一本人人都可以读、人人都应该读

①作者提及的参考文献部分目前仅有台湾版。

的好书，笔调幽默，没有生硬的、学术化的论述，而是充满了对人性的沉思，揭示了创意的神秘面纱，使读者对阻碍创意的种种因素，有了更深刻的认识。

《大师轻松读——发明大王不必是天才》告诉我们爱迪生不是天才，他的不断创新，是因为能巧妙组合现有的东西，产生令人惊艳的结合，成为更新的创意发明。所以天才是可以训练的，人人都可以成为天才。

书中提出重组式创新（Recombinant Innovation）的思维，说明这些被视为天才的人物，省下追逐原创发明的时间，把各种已问世的生产元素，重新组合现有的各项技能，而创造出时效性更强的创新发明。

▶注意语言的共性

语言具有共通性，不论中文或英文，都有标点符号与词类，我们可以从外国人对他们语言的讨论，来观察自己的母语，并做不同角度的思考。《教唆熊猫开枪的“，”——一次学会英文标点符号》《字母餐》与《英文文法圣经》以生活化的方式，从街头的标语、报纸的标题或菜单上的英文单词，探讨英文的问题及背后的文化意义。

你若看腻了“如何学习标点符号”这类书籍，感到太枯燥乏味，不妨阅读Lynne Truss的《教唆熊猫开枪的“，”——一次学会英文标点符号》，书中列举了许多误用标点符号造成的笑话，既实用，又幽默，可作为您教学的参考。

作者认为对标点符号最佳的诠释，是一家报社提出的忠告，说标点符号是“一种礼貌，用以帮助读者不受困扰地了解一个故事”。这种说法使标点符号变得具有人性，因为文章加标点是“基于助人的精神”，防止作者与读者之间发生误会。此书俨然为标点符号建立起一套“标点哲学”了。

你可以从Matt McCabe与朱衣的《字母餐》中，学习如何从语言观察一个国家的文化，并对自己的语言与文化有不同角度的观察。其中，作者提到英文的“早餐”breakfast其实是break（打破）及fast（断食）两字的组合，也就是断食一整夜之后所吃的早餐，意即“打破断食”。

断食是为了纪念耶稣在旷野断食四十天所受的苦，久而久之，宗教的意义已淡化，只剩下象征意义，英文中这种由两、三个具有各别意义且未经演变的字组合成的新字叫“合成字”（Compound word或Combining word），此外还有“杨桃”starfruit、“海星”Starfish、“有声书”book-on-tape、“扒手”pickpocket、cutpurse等。

中文也有类似的情形，例如：歪（不正）、甭（不用）、孬（不好），另外像“戋”字有“小”意，属于同源字的“浅”指颜色淡、“栈”指小旅社、“钱”指小单位的货币、“残”指小缺陷、“笺”指短笺等小字条、“贱”指小看别人。

我们在阅读英文时，可以与中文的特性相互印证、联想、比较，进而得到语言文字方面的心得。

如果你想要了解词类和句子，除了《汉语大辞典》，还可以试着阅读英文文法书籍。Michael Strumpf与Auriel Douglas的《英文文法圣经》是个不错的选择，书中的解说口吻轻松幽默，比喻奇特，具有参考价值。

作者提到，句子包含主词与述语，主词是句子的主角，通常是人称或名词，述语是句子中描述动作或存在的部分。他设计“图解句子”法，帮助读者写出完整的句子，此法也可以用在中文造句的教学上，变化为重组句子、拉长句子、缩短句子等教学方式。

▶教科书没有讲的，这里有！

教科书总是以严肃的、学术化的语言传授知识，重视资料的丰富性，但描述生硬、制式化，重视理论的说明与研究成果，远离生活经验，造成知识与人的远距离。你可以阅读

《汉字的故事》《作家谈写作》《小说的五十堂课》等书，教科书里没有讲的，可以从这里找到，让知识与你“零距离”。

瑞典汉学家林西莉的《汉字的故事》，着重讲述了文字的“故事”，深入浅出，不采用学院式的论文写法，而是从考古、社会、民俗、艺术、生活等各层面，探讨汉字的起源与发展，对于中文教学极有助益。

例如我们要介绍“册”这个字给小朋友的时候，可从这本书中找到竹简的制作过程，竹简使用的历史，还有文房四宝的笔、墨在古代与现代的使用，让孩子对文字的结构与历史背景，有深刻地了解。

John Damton所编的《作家谈写作》，搜集多位知名作家谈论写作经验的文章，有的作家身兼写作教师或剧作家，他们在文中畅谈写作与工作的种种，及灵感的来源。

其中美国非裔的推理小说作家华特·莫斯里在文中提到，时常听到人说：“我知道我心里有一部小说，可是，我要怎样才能将它说出来呢？”华特·莫斯里的答案是：“天天练习。”因为：“创意就像生命一样，总是不断从你身边溜走。”书中的每一篇文章，皆足以启发我们的学生对写作的看法。

当代文学评论大家戴维·洛奇（David Lodge）的《小说的五十堂课》，从美学入手，笔调轻松幽默，道出小说的文学技法及小说哲学，每一种小说技巧均以经典小说片段完整举例，方便读者印证。

书的内容虽是关于写作技巧的严肃主题，却以故事情境出之，《英国金融时报》称其："学术内涵，人性呈现。"读者可从中学习到文学的各种赏析方法，不论在自我充实或教学上，都能让读者获益良多。

不同于一般修辞学的教科书，只谈论五感的摹写技巧，蒋勋的《美的觉醒》以美学的观点畅谈眼、耳、鼻、舌、身等感官之美，并藉由文字学、四书五经、古典诗词、色彩心理学、自然科学、历史等，加上作者的生活经验，旁征博引，带领读者经历一场感官之旅。阅读此书有助于我们引导孩子训练"五感"，发展孩子的感官知觉，以加强写作能力。

▶随时充电，蓄势待发

如果你是个勤奋用功的老师，不想停止学习的脚步，急切地在寻找聪明的学习方法与教学法，那么莱特纳（Sebastian Leitner）的《用功知道》和Colin Rose与Malcolm J.Nicholl的《学习地图》，可以帮助你进行个人的学习革命，改变旧有的学习态度与积习。

《用功知道》的作者莱特纳，在1970年代提出了“学习卡片箱”的学习系统，教我们制作学习卡片，把想学的信息写在上面，放在学习卡片箱，利用重复阅读与搜寻卡片资料的行为，来增强我们的记忆力。

书中教我们如何提升学生的学习兴趣，如何利用视觉与听觉来教学，如何让死板的书写资料，经由教师的转化，对学生造成心理上的刺激，使学习变成愉快的经验，给予从事教育的我们许多宝贵的意见。

Cotin Rose与Matcolm J.Nicholl的《学习地图》，告诉我们如何学习，以及如何教别人学习，更是教师们充电的法宝。

作者提出“学习地图”的概念，教我们制作充满视觉效果的学习笔记，它的功能就像记忆图，图的中央描绘的是思考的主题，次要或进一步的信息则形成各个分支，向外围扩散出去，这种学习法可以让关键信息一目了然。我们也可从书中提供的教学法，学习与观察西方人对儿童教育的观点与思考。

当然，除了以上的书籍，还有许多好书正等着你去发现。

▶用心感受生活

生活是一切创意之源。

一个追求创新的人，永远在渴求体验，并且期望充分体验多元的生活方式，他们用“生活美学”来看待生活，阅读生活，品味生活。

追求创新的人急切地想与生活对话，他们关心流行文化，但坚决抗拒毫无智慧地引用，或种种拾人牙慧的行径，他们只愿倾听自己内心的声音。

也许有人认为他们太过自我，但再也没有人能够像他们这样，将生活砂糖放在舌与齿间，等它慢慢溶化，然后流入心底，顺利地进入脑中的灵感储藏室。多数人总是将“生活”快速吞入肚里，忘记灵感也像我们的生命一样，会不断流逝，直至消失。

这群人已经能克服“单调乏味不耐症”。

这症候往往在你渴求安定、秩序与传统时，在你画一个框框将思考限制住时，迅速地熄灭我们脑中仅有的创意星火。

每个人都有可能罹患此症，因为传统是最安全的生活方式，它深植你心，要突破并不容易。我们唯有细心留意生活中发生的所有小惊喜，某一天，这些小事就会集合成为你的创意来源。

体验生活并非要花大钱，从平凡中发掘不平凡处，才能得见创意人的不凡慧眼。

我们应当用心感受生活中的事物，一片落叶，可以是生命的萎落，也可以象征生生不息，不如调换一个角度、观念去看待，创意将随之而来。

▶十八般武艺与七十二变

曾听过有语文老师说："现在当老师真不容易，得十八般武艺样样俱全！"言外之意似乎说"过去"当老师很容易，不必想太多花招去抓住孩子，或是说："想当年似乎不必教得这么累。"其词若有憾焉。

其实过去或现在，都有非常认真的老师在从事教职，只是信息的泛滥、文明的进步，使得我们的教学对象，也就是这群孩子的胃口被养得很大。单调的讲课方式、简单的教具，已经不能满足他们，而教育界倡导的"统整教学"概念，更是逼得教师什么都要会一点。

如此，作文课的上课方式就变得十分精彩了，可以加上美劳，让学生先画一幅画，然后口述图画的内容，最后再用文字写出来。作文课也可以加入音乐、唱游、肢体活动等，或是加入自然课的做法，干脆带着小朋友离开教室，认识校园里的花草树木，观察天气的变化，再回到教室进行纸上作业。

这样的统整概念意味着：教师得熟悉其他科目的上课方式，以及多学一点才艺。虽然这需要承受追逐新知的苦，但绝对值得追求个人成长，对语文教学热心奉献的你、我，付出时间与汗水，一起努力。

教师充满创意的上课方式，就像孙悟空的七十二变，层出不穷的变化，将令学生回味无穷，永不厌倦。

组成课堂
的九个小螺丝钉

这九个小小的螺丝钉，在本书的作文课堂里扮演着重要角色，缺一不可！它们分别是引言、教学目标、教学准备、教具制作、教学活动、活动精灵、配合学习单、范文、仓库与盒子。以下分别一一介绍：

▶引言

本书在每堂课的开头都有一小段“引言”，说明该课程使用的教学理论与方法，或是阐述教学主旨、分享教学的心得，让您掌握本课的教学主题，作为您阅读前的准备阶段。

▶教学目标

本书为每堂课设定教学目标。主要使学生具有表达思想情感的写作能力和兴趣，能认识并热爱写作，培养学生对审题、立意、选材、组织等基本能力，养成各种写作技巧的基本能力。

▶教学准备

在此列出课堂应准备的教具，并以“教学内容规划表”，说明课程进行的层次安排，让您对课程的每个细节一目了然，方便日后的规划使用。

▶教具制作

这里有制作教具的文字说明，逐步解说教具的制作步骤与过程。本书所选用的材料，均以最经济、能就地取材为原则，让您轻松地完成这些教具。

▶教学活动

活动是课堂的主体，此处安排游戏与活动，建立欢乐的教学气氛与刺激学习成效。教学活动分为前奏、主曲与尾声。

前奏是活动开始前的引导，通常讲述教学主题，并为下面的活动作准备。

主曲是活动或游戏，本书以对话的形式来呈现教学状况。有别于坊间同类书籍的简略，读者可由这些对话找到问话引导的技巧，并由学生们可爱的回答，得到许多教学灵感。

尾声是学生写作文的时间，在此本书提供了范文给教师与学生参考。

▶活动精灵

这是对教学活动或配合学习单的补充说明，并针对教师执行活动时可能遇到的状况，提出解决的建议。

▶配合学习单

本书视课程的需要设计“配合学习单”，以便您教学之用。

▶范文

教学活动尾声有作文范文的设计，每篇范文都与课程内容有密切关联，内容兼具幽默与童稚的天真，读者可从中得到阅读的趣味，并与孩子共同欣赏讨论。

▶仓库与盒子

本书在课堂后附有字库或词库，以便您在教学时参考使用。

第三课制作“悦耳的声音盒子”，搜集各种常见的拟声字与状声词。

第十一课制作“中文的‘叠’体字”与“叠字仓库”，搜集常见的由三个同样的字组成一字的文字，及作文常用到的叠字。

十三堂作文创意教学课程

课程名称	教学方法
1. 启发想象力 小魔女云儿	心智绘图、夹心绘板、角色形象树
2. 描写触感 快乐恐怖箱	说故事、触觉修辞指导、触摸恐怖箱
3. 描写声音 汪喵哞咩大合唱	认识状声词、聆听各种声音、声音辨识测验
4. 描写动作 哑剧的演出	认识动词、表演哑剧、观察动作
5. 夸大法 吹破牛皮也不怕！	童话引导、吹牛大赛、抽抽乐
6. 譬喻法 我爸爸像……	认识譬喻修辞、阅读绘本、问答引导
7. 拟人法 橡皮擦的心事	认识拟人修辞、角色扮演、问答引导、小组讨论
8. 建立结构概念 海边露营记	认识文章结构、排列组合图片
9. 记叙文 教室的旅行	认识记叙文、虚拟情境、周游教室
10. 抒情文 奇妙的情感世界	认识抒情文、测试情绪反应、借物抒情的联想地图
11. 叠字修辞 叠叠不休的文字	认识叠字词、叠字与感官、叠字组合游戏
12. 戏剧编写 遇到坏人的时候	认识剧本、童话引导、师生共同创作、表演话剧
13. 记忆游戏 爸爸的姐姐是谁？	说故事、观看亲属关系图、记忆游戏

第一课　启发想象力
——小魔女云儿

今天的这堂作文课，我们将采用“心智绘图”，来引导学生的想象力与联想力，作文的主题设定为千变万化的“云”。

在天气允许情况下，我们可以带着孩子到户外看云去，利用户外教学的机会，让孩子实地观察云的变化，这种学习乃结合了知识、观察与实作。

进行户外作文教学之前，教师可先将教学主题会用到的写作技巧，先行讲解或复习，让学生在户外体验时，能很快地进入状况，而不是“出去玩”而已。

写作技巧的说明，主要以譬喻、拟人、夸饰等修辞法为主，且为配合教学主题“云”，还要带领孩子对云的形状、颜色作深入地观察与描述。

户外教学的实行，除了需要教师与其他人员、家长的配合，更需要有个好天气，天时、地利、人和均配合，才能按照计划，圆满完成教学活动。

但有时天气实在难以掌控，云也不是那么有变化，没风的时候，它偏偏就是很单调，要不就是无云的晴天，那该怎么办呢？加上教室附近，未必有适合看云的地点，更增加了教学上的困难。此时，本课设计的“夹心绘板”，就是很好的教学工具，能将小朋友的想象化为具体，并与他们共同讨论。

“夹心绘板”是个可以随时画图，又可立刻擦拭干净的道具，虽然我们得准备透明档案夹，或透明的亚克力板、云的图片等材料，但看在可以反复使用的份上，这么做是值得的！

我们可以在户外一边看云，一边使用绘板，比单纯在户外看云更有趣。除了可使用在教学活动上，父母更可以在家里自制使用，带着您的小孩，一起来玩联想。

▶教学目标

①能够启发学童的想象力与联想力。

②能将脑中想象出来的图像实体化。

③能准确地将想象到的情境口述出来。

④能将所学到的词语和想象，运用在作文上。

▶教学准备

教具：

透明档案夹（也可用透明的亚克力板）、云的图片、油性万用笔。

教学内容规划表：

教学主题	启发想象力
说明主题的前奏	来玩玩“心智绘图”
教学活动	涂涂抹抹：云的夹心绘板
配合学习单	小魔女云儿的形象树
解释题目	小魔女云儿
作文	作文

▶教具制作

名称：

云的夹心绘板

材料：

①A4大小的透明档案夹一个，或透明的亚克力板两块。

②云的图片数张。

③油性万用笔一支。

④棉布一块，也可用卫生纸代替。

制作步骤：

①将一张图片夹在透明档案夹中间，用回形针固定在档案夹上，以免位移。

②若使用亚克力板，同样将图片夹在两块板子中间，并

用夹子固定。

说明：

①本课所使用的图片，可由教师自行拍摄或搜集而来。

②教师使用夹心绘板时，可一边讲解、发问，让学生回答，并将学生对云的形状构想，画在绘板上。结束后，再用卫生纸或布擦拭干净，继续画下一张图。

③本教具可使用于任何需要形状联想的课程。

▶教学活动

一、前奏

来玩玩“心智绘图”

在这个部分，教师可带领学生玩玩“心智绘图”。

心智绘图，又叫作心智地图、心像图或心智图，可以将我们对事物的联想，用树形图或分类图的形式来表现。联想的心智绘图，可用来进行对事物联想的脑力开发，如果使用在课堂，可刺激学生的反应力、联想力及想象力。

心智绘图的绘制方法，首先是在黑板上写出或画出题目（即联想的主题），再从主题将有关联的事物分支出来，最好多使用关键的动词和名词，而不用完整的句子，关键词可用文字或图画来代表。

小朋友最喜欢上台画图，教师可让小朋友将他们的联想，用文字或图画的方式画在黑板上，并鼓励孩子发挥视觉的想象力，全班一起制作创意的心智图。

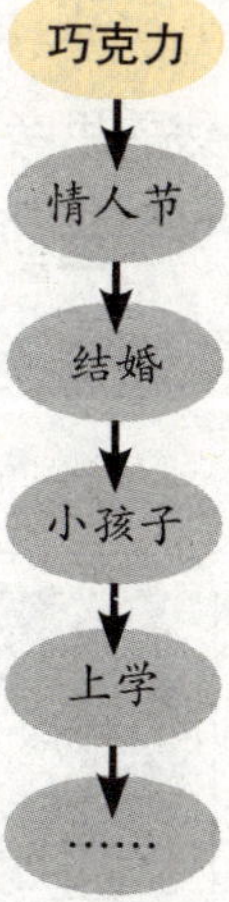

巧克力
情人节
结婚
小孩子
上学
……

教师先示范一次，然后提出几个名词，让学生举手抢答，说出自己的联想，并说明理由，然后将学生的答案写在黑板，一一相连起来，形成链状图。

例如，题目为“巧克力”，学生便从巧克力联想到情人节，再联想到情侣、结婚、小孩子、上学等等，可无限制地想下去。

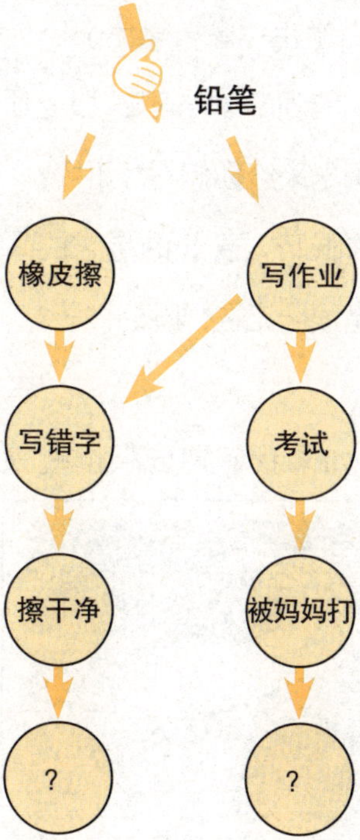

铅笔
橡皮擦
写作业
写错字
考试
擦干净
被妈妈打
?
?

以上为直线联想，也可以作放射状联想。例如题目为“铅笔”，有的学生一下子就联想到“写作业”，有的人则想到“橡皮擦”，形成不同方向的思考，但有时会有交集。见左图：

在想象力写作的教学中，我与学生曾将黑板画得满满的，十分有趣。教师将绘制心智图变成一种共同游戏，可以帮助孩子建立联想的能力，学习直线、双线或多线的思考方式，开启孩子多向思考的能力，激发无限的潜能。

二、主曲

涂涂抹抹：云的夹心绘板

教师拿出“云的夹心绘板”，将云图夹入绘板中，开始讲解。

老师：小朋友，你们觉得这张图上的云像什么呢?

学生：像一只兔子!

老师：真的吗？那老师把兔子的眼睛、耳朵、尾巴和身体，画出来给你们看好不好?

老师：你们看，圆圆的是兔子的眼睛，长长的是它的耳朵，这是它的后脚，这是前脚，是不是很像正在弹跳的样子?

学生：真的很像呢!

老师：（将兔子擦掉）那么，如果我们把云颠倒过来看，会变成什么样子呢?

学生：我知道！就像我们远远的看到一匹正在奔跑的马。

老师：这位小朋友这样

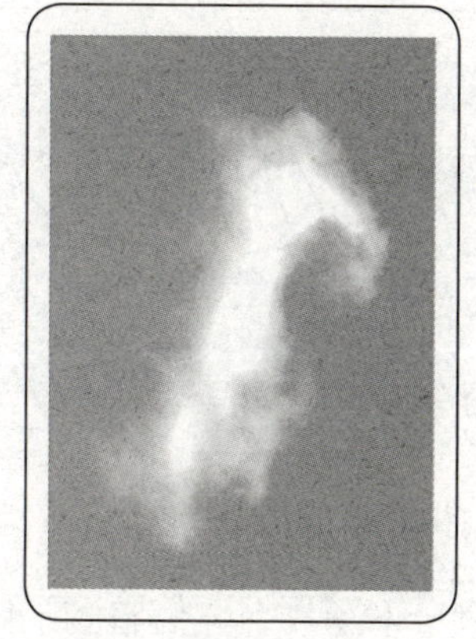

讲，让我们想象不出来，你可以把你心目中的马描绘出来吗？

学生上来画马。

老师：大家有没有发现，这位小朋友一画出来，这片云突然变得很像一匹马耶！你们看，这里是马儿长长的嘴，长长的脖子，这是它的耳朵，下面的部分是它的腿。你们的想象力真好，老师觉得比较像跳舞的马耶！让我们再把图颠倒一下，看看还能变出什么东西来！（将画好的马擦掉）

学生：哇！这样又很像老虎了。

老师：这位小朋友的想象力真的很丰富，老师都没有想到呢！你可以上来画给大家看吗？

学生上来画出老虎。

老师：小朋友真的很细心，还帮老虎画上花纹。（将画好的老虎擦掉）最后再让我们颠倒一下图片，你们看到了什么呢?

学生：咦?这是一只海马啊!

老师：为什么呢?

学生：因为它的尾巴勾起来了，身体直直的，头也像马的样子，还有嘴巴呢!

老师：可以请你上来画给大家看吗?

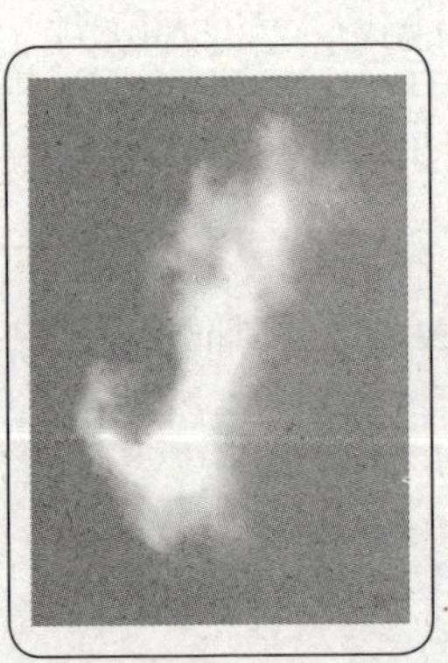
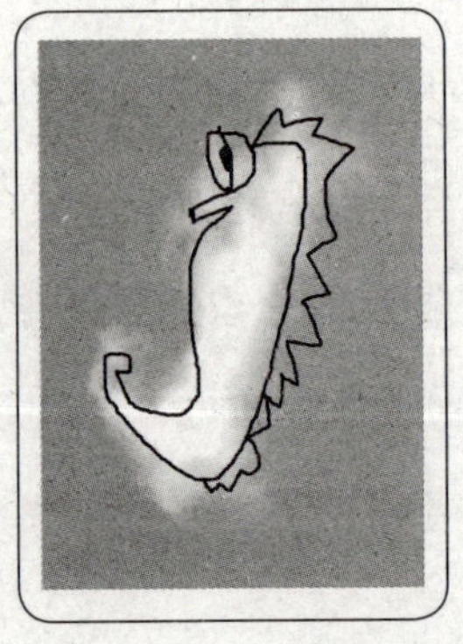

学生上来画出海马。

老师：小朋友把海马身上的线条画出来了，画得好可爱，你们真的太厉害了!

活动精灵

①教师可依照活动时间来衡量图片的数量，但最好能多准备几张图备用。

②多鼓励学生上来画图，画完再加以解释，并与学生互动讨论。

③一张图可从上下左右四种角度，来想象云的变化。

配合学习单范例

小魔女云儿的形象树

小朋友，“小魔女云儿”是云界的女神喔！拥有神奇的法力。你能想出云儿有什么样的法力呢？她的个性又是怎样？请用下面的“形象树”，把你想到的都写出来吧！

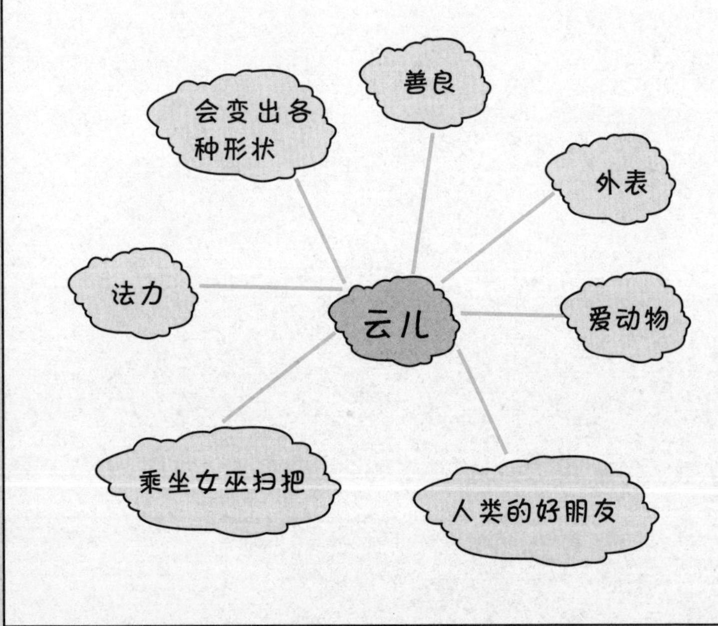

活动精灵

①“形象树”帮助孩子找出小魔女云儿的个性、法力、长相、穿着等等，是人物描写技巧的变化。

②教师也可将形象树的练习，扩大到全班的共同活动。首先，在黑板画一棵大树，发下图画纸给学生，让他们设计自己喜欢的苹果图案，再将苹果剪下来。在苹果上面写想象的云儿的个性、法力、长相、穿着等，选其一即可，让学生将苹果贴在黑板的树上，共同讨论。

③学生在写作文时，可参考形象树组合出来的小魔女形象，写出自己想象中的小魔女云儿。

三、尾声

作文

①公布作文题目：小魔女云儿。

②解释题目。

③开始习作，教师巡视指导。

小魔女云儿

云儿是个调皮的小魔女，她的魔术棒，可以变出各式各样的图案，她乘坐的扫把，比哈利·波特的“光轮两千”还要迅速。

云儿的个性非常善良，时常帮助水神吹起雪白的浪，满足他的表演欲，帮助土地公公滋润干燥的大地，为他擦上护肤水，也帮助太阳公公遮住他的红脸，以免人们见了他，就躲到屋檐底下。

云儿也十分爱护动物，在云的世界里，到处可以看到各种动物跑来跑去：有兔子一跳一跳地，嘴巴还叼着萝卜，有老虎翘着尾巴，正在追赶它的猎物，也有海马摇晃着身体，嘟起细细长长的嘴，和海星闹着别扭。

云儿是人们的好朋友，在我们无聊的时候，她变出许多东西给我们观赏，在我们伤心的时候，她会听我们谈心，有时候还陪着我们一起掉眼泪，变成了雨滴。云儿了解我们的心情，真是人类的好朋友啊！

第二课　描写触感
——快乐恐怖箱

“恐怖箱”这项道具经常被综艺节目使用，变成娱乐活动，用来吓吓女明星。游戏规则是在箱子里放进几样令人害怕的东西，让游戏者惊声尖叫，目的是为了达到娱乐效果，有的儿童剧团为了训练演员的感官，也会使用恐怖箱。本课便以恐怖箱作为教学工具。

体验式学习（Experiential Learning）是一种以“体验”为主的学习方式，将学习融入一个实际可能发生的情境，或在虚拟的环境里学习，由学生主动参与教学活动，然后分析他们所经历的体验，使他们从中获得一些知识和感觉。

以体验作为学习的方式，不但刺激有趣，充满挑战与高度参与性，同时还能拥有新的经验。体验的时间虽然短暂，但亲身感受的过程，本身就充满了学习的乐趣。

今天的作文课，主要藉由体验教育让孩子的触觉被唤醒，使触觉更敏锐，并在教学中享受探索、操作的乐趣。之后，教师要提供学生常用的触觉修辞，将这些修辞与所触摸的物品对应起来，再把这些感觉化成文字，写成一篇文章。

本课提供两份学习单，一份是带领学生认识简单的触觉修辞，一份是让学生写下触摸物品的感觉，作为写作的材料。

根据经验，有些学生比较内向，胆子较小，同学们都摸完了，内向的学生却迟迟不肯上来摸，这时教师不宜勉强，如果学生真的不肯摸，就请他站在一旁观看同学摸的反应，等到写作文的时候，可让他写出观察同学摸恐怖箱的想法，并加入自己的心得。

▶教学目标

①能够认识常见的触觉修辞。

②能表达触摸物体后的心理感受。

③能将所学到的触觉修辞，运用在作文上。

▶教学准备

教具：

箱子、玩具蜈蚣、乌龟布偶、压孔器等。

教学内容规划表：

教学主题	描写触感
说明主题的前奏	说一则盲人摸象的故事
配合学习单（一）	连连看：认识触觉修辞
教学活动	触觉游戏：快乐恐怖箱
配合学习单（二）	“快乐恐怖箱”实况纪录
解释题目	快乐恐怖箱
作文	作文

▶教具制作

名称：

快乐恐怖箱

材料：

影印纸的纸箱一个，含纸箱盖子。

制作步骤：

①将纸箱盖子的中间挖出一个比手腕大的圆孔。

②盖上纸箱盖子，大功告成。

③操作时可用布覆盖，以免学生看到箱内的物品。

说明：

①恐怖箱内放置的各种物品数量不限，视时间及学生人数而定。

②一次只能放置一件物品。

③所放入的物品应具安全性。

▶教学活动

一、前奏

认识触觉修辞

PART 1　说故事

教师先说一则“盲人摸象”的故事：

从前在印度这个地方，有六个盲人，彼此是无话不谈的好朋友。

有一天，他们坐在路边聊天，刚好有个商人牵着大象经过。因为这些盲人从出生就没见过大象，听说大象来了，都非常兴奋地拜托牵象的人，让他们每个人都来摸摸这头象。

第一个盲人摸到象的身体，他高兴地说："原来大象像一面墙。"

第二个盲人摸到象牙，他反驳："才不是！象长得尖尖长长的，像一支枪。"

第三个盲人摸到象的鼻子，他摇摇头说："你们都错了！大象简直像一条蛇。"

第四个盲人摸到了象腿，他不屑地说："哼！大象明明像一棵树。"

第五个盲人个子比较高，摸到大象的耳朵，他哼了一声："完全错误！大象根本像一把扇子。"

第六个盲人站在最后，摸到大象的尾巴，他笑弯了腰说："你们这些傻瓜！大象其实像一根绳子。你们瞎了吗？"

等到大象被牵走了，他们仍旧吵个不停，每个人都觉得自己最正确，但是旁边的人早就笑得喘不过气来了。

PART 2　认识触觉修辞

教师说明什么是“触觉”，为什么写文章要使用触觉修辞：

我们的皮肤能感觉到外在环境的刺激，把触碰到的压力、温度、质感、软硬、形状、痛痒等感觉讯息传递到大脑，就叫作触觉。

触觉是人类很重要的一种感觉能力，有了触觉，我们才能够认识外面的世界，掌握自己与环境间的互动。

一个触觉很迟钝的人，在生活上可能常常遇到危险，却没有预防的能力，例如他碰到热水却不知道烫，被球打到了也不知道闪躲，可能因此受到烫伤或挫伤，由此可知，触觉是多么地重要！

我们在写作文时，常常要把接触到的感觉，如实地描写出来，这时候就需要用到触觉修辞，让我们利用下面的学习单，来认识几个常见的触觉修辞吧！

配合学习单（一）范例

连连看：认识触觉修辞

小朋友，描写触觉在写作中是很重要的喔！你认识多少个描写触觉的词语呢？现在，请你看看下面的题目，把正确的答案连起来吧！

1. 这条围巾戴起来让人感觉____，真难受。	黏黏的
2. 我躺在____草地上，很快就睡着了。	凉凉的
3. 冬天的早晨，我只想躲在____被窝里，不想下床。	热呼呼的
4. 妹妹很喜欢这只____小猪娃娃，每天都带着它。	痒痒的
5. 春天的风并不冷，只是____。	暖烘烘的
6. ____石头上面有漂亮的花纹，真让人舍不得丢掉它。	又湿又滑
7. 喝下____汤，寒冷立刻不见了。	柔软的
8. 这条小金鱼，摸起来____，怎么抓都抓不住。	毛茸茸的
9. 上完体育课流过汗以后，全身____，很不舒服。	坚硬的

二、主曲

触觉游戏：快乐恐怖箱

老师：现在，我们要开始摸第一样东西啰！请小朋友摸完以后，回到座位上，把摸到的感觉写在学习单（二）里面。好，开始！

学生摸完第一件物品。

老师：你们感觉到什么呢？

学生：我摸到的东西粗粗的，很硬。

学生：我摸的东西像拳头一样大，上面好像有一些洞。

学生：摸起来冰冰凉凉的。

老师：好，你们写下来了没有？

学生：写好了！

老师：我要公布答案啰！答案是“石头”。

你们猜对了吗？请大家把石头的样子画出来。

老师：接下来要摸第二件物品了。

学生摸完第二件物品。

老师：这次你们摸到什么了呢？

学生：刺刺的，像毛一样。

学生：我觉得是一根一根的，很硬，但是很有弹性。

学生：下面还有一块很硬的板子！

老师：请大家写下自己的感觉吧！

老师：这次的物品，正确答案是“刷子”。猜对了没呀？赶快把刷子画下来吧！

老师：我们再来摸第三样东西。

学生摸完第三件物品。

老师：这次摸到什么呢？

学生：摸起来毛茸茸的、圆圆的。

老师：好棒喔！你用了一个触觉修辞。

学生：这个东西前面有尖尖的一大块，后面的比较细，好像有手耶！

老师：大家赶快写下来喔！

老师：公布答案，第三个物品是“乌龟玩偶”！它的形状比较不规则，所以比较难猜，大家把它画在纸上吧！

配合学习单（二）范例

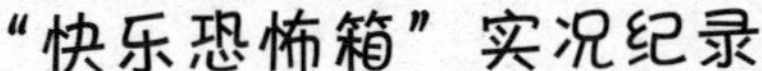

“快乐恐怖箱”实况纪录

小朋友，当你摸完恐怖箱内的东西，要把感觉写在下面的空格喔！等老师公布答案后，请你把物品的样子画出来。

第一件物品	
我的感觉 摸起来粗粗的，很硬，冰冰凉凉的，像拳头一样大，有一些大大小小的洞。 **答案揭晓：石头**	
第二件物品	
我的感觉 摸起来刺刺的，像毛一样，很硬，但是有弹性，下面硬硬的像板子。 **答案揭晓：刷子**	
第三件物品	
我的感觉 摸起来毛茸茸的、圆圆的，但是前面有尖尖的一块，后面的比较细，好像有手。 **答案揭晓：乌龟玩偶**	

活动精灵

①教师拿出恐怖箱，事先放好物品在里面，请学生排队上来摸。

②等学生全部摸完，教师再与学生讨论刚才摸到的感觉，然后让学生抢答，说出正确答案。

③当学生摸完一件物品，就要将感觉记录在配合学习单上。

④由教师公布答案，赠送奖品给猜对的学生，作为鼓励。

⑥预计二十分钟可让全体学生摸完三至四件物品，教师可依需要调整时间。

三、尾声

作文

①公布作文题目：快乐恐怖箱。

②解释题目。

③开始习作，教师巡视指导。

快乐恐怖箱

今天，语文老师很神秘地拿了一个箱子进来，上面盖了一块黑布，说这是“恐怖箱”，要我们摸摸里面的东西。大家听到恐怖箱的名字虽然有点害怕，但又高兴得不得了，迫不及待要赶快开始。

第一件物品摸起来冰冰凉凉的，非常地硬，它的表面非常粗糙，似乎布满了大大小小的洞，让我感觉有点恶心。它的形状和我的拳头差不多大，我心里猜想一定是块石头，后来答案果然是“石头”！

第二件物品摸起来刺刺的，害我差点就叫出来了。它像毛一样一根一根的，很硬，却很有弹性，最下面还有一块坚硬的板子，我猜那一定是妈妈刷地板用的刷子。答案揭晓了，真的是“刷子”！我实在太厉害了！

最后一件物品摸起来毛茸茸的，我觉得应该是个玩偶，但不知道是什么玩偶。它的身体圆圆的，但前面有椭圆形的一块，后面则是一条尖尖的东西，好像还有手呢！这真的太难猜了。最后老师公布答案，原来定一只好可爱的“乌龟玩偶”！

今天的作文课，我学会了触觉修辞，也知道该怎么使用它们了，真希望以后还有机会，来摸摸一点都不恐怖的“恐怖箱”！

第三课　描写声音
——汪喵哞咩大合唱

本课使用的是视听教学法。

视听教学是让学生利用视觉、听觉等感官来学习的教学方法，非常重视感官体验，和媒体工具的使用。最常在教学中使用的听觉媒体，包括录音带、唱片、光盘、广播等。

透过这样的教学，让孩子的感觉具体而真实，也让教师达到教学的目标。

人类的五种感官当中，听觉是最早被使用的一种，从我们在胎儿时期，听觉就是我们最早认识外界的媒介。

拿听觉与其他感官相比，我们从视觉、味觉、嗅觉及触觉所得到的经验，都属于静态的，但声音却能对人的情绪造成强烈的起伏，使心跳、呼吸与血压产生各种变化，因此听觉对人的影响，比其他感官都要大。

为了写作的成功，我们更要去听，并且听得仔细，听得真切。

在写作时，不只要学会描写人物的对话，凡是与声音有关的，都要用到听觉描写，才能写出真实感。要把声音化为文字，便有赖于我们对声音的观察，认识各种状声词及拟声字，并熟悉地使用它们。

教师可利用各种音效，带领学生聆听许多不同的声音，考验孩子对声音的辨识与敏感度，并带着学生认识各种状声词及拟声字，让孩子模仿声音，体验被各种声音围绕的美妙境界。

▶教学目标

①能发展“听”的知觉能力。

②能分辨各种不同声音，并理解其意义。

③能认识状声词及描写听觉意象的各种词汇。

④能运用譬喻、拟人等修辞法描写声音。

▶教学准备

教学内容规划表：

教学主题	描写声音
说明主题的前奏	认识听觉修辞
配合学习单（一）	让状声词活起来！
教学活动	听力大考验
配合学习单（二）	听声音，编故事
解释题目	晚餐时刻
作文	作文

▶教学活动

一、前奏

认识听觉修辞

我们在作文中，常会用到摹写法。

摹写就是把我们所见事物的形状、颜色，听到的声音，接触物体的感觉，吃到的味道，或闻到的气味，适当地利用文字加以描写，使读文章的人，拥有和你一样的感受。

但是，小朋友在利用摹写法写作以前，要先培养感官的敏锐度，如果我们感官的敏锐度不高，就没办法把对外界的认识写进文章里，所以，写作文以前，一定要先锻炼我们的感官喔!

今天，我们先来培养听觉的敏锐度，认识生活中的各种声音，因为听觉是一种直接的感受，如果文章能适当地表现声音，就会给人真实的感觉。那么，声音到底是从哪里来的呢？老师先带你们认识一下“状声词”。

摹仿自然的声音称为拟声词，又称为象声词、摹声词、状声词，是摹拟自然界声音的一种词汇。它的产生有两种方法，一种是根据这个东西发出的声音，原封不动地记录下来，像狗狗的叫声是“汪汪”，猫咪的叫声是“喵喵”，小羊的声音是“咩咩”，这种状声词没有其他意义，只是模仿声音而已喔！

第二种状声词，除了记录这个东西发出的声音，还进一步为声音加上情感的表现，例如“时钟滴答滴答努力地走”“台风咻咻地嘶吼着”等，这些声音加上了人类的情感及动作，是不是生动很多呢？

小朋友，我们认识了这么多的状声词，你能分辨哪种东西会发出什么声音吗？大家有没有发现，如果状声词只是记录声音而已，好像有些单调，我们可以为这些状声词加上人的情感，让我们一起来完成下面的学习单吧！

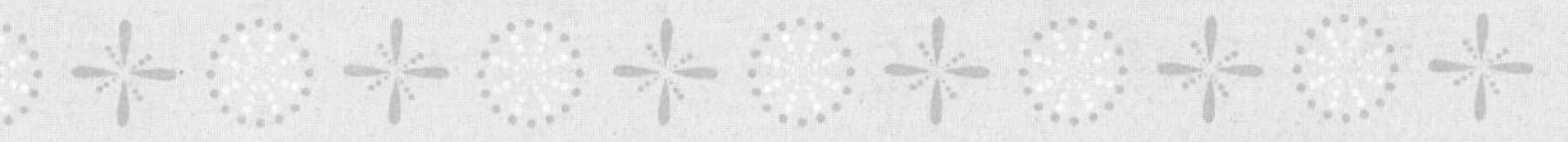

配合学习单（一）范例

让状声词活起来！

小朋友，下面列出了几个状声词，请你把下面的事物和它的声音连起来，并用拟人法为它们加上人的感情，造出适当的句子，让状声词活起来吧！

连连看

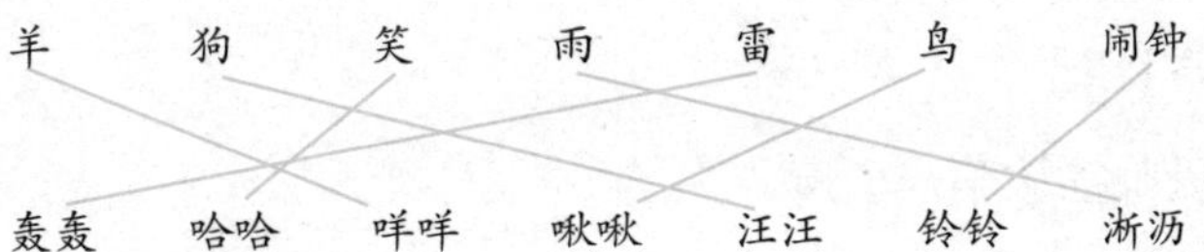

拟人法造句

雨淅沥淅沥地下个不停，告诉我她有多伤心。

“铃铃”，讨厌的闹钟又在叫了，我只好勉强爬起来，准备上学。

我家的狗一见到陌生人，就生气地“汪汪”大叫起来。

“啾啾！”小鸟们一声声地叫着，迎接妈妈的归来。

小羊“咩咩”地叫，说：“我不要被剃毛！”

这次考试得了第一名，我忍不住“哈哈”大笑起来！

天空飘着细雨。忽然，“轰轰”的雷声响起，真是吓人！

二、主曲

听力大考验

教师先说明游戏规则，再播放事先准备好的各种声音给学生听，让学生猜猜看声音的来源是什么。师生一起搜集这些答案，抄写在黑板上，最后，带领学生将这些名词，编写成一个故事。

老师：小朋友，现在我们就来考验听力。老师会播放一些声音，听到声音以后，请告诉老师这个声音是什么发出来的。答对的人，请在黑板上写出它的状声词，如果你忘记了状声词怎么写，就请写出这个声音的注音。好，我们要开始啰！

教师播放第一个声音。

老师：这个声音听起来像什么？

学生：有“沙沙”的声音耶！好像下雨的感觉。

学生：很像油在锅子里喷出来的声音。

学生：还有“刷刷”声，又像是“擦擦”声，是炒菜的声音吗？

老师：答对了，“沙沙”是油喷出来，“刷刷”“擦擦”是铲子在锅子上摩擦的声音，所以答案就是“炒菜声”。请小朋友把答案写在黑板上。

教师播放第二个声音。

老师：这个声音很容易听出来喔！如果用状声词要怎么写呢？

学生：是“哇哇”，很简单，是小婴儿哭的声音。

老师：没错，而且你们听出来了吗？小婴儿哭得很用力呢！你们觉得发生了什么事情呢？

学生：一定是肚子饿了！听起来像是“饿饿”的声音耶！

老师：你用“饿饿”当状声词非常特别，可以有多种不同的意思。这个哭声真的很像“饿饿”的声音，一方面又像在说“饿了、饿了”。

学生：我觉得是要换尿布了！我家小弟弟就是这样子，非常吵闹。

老师：小朋友平时对生活的观察都很细心喔！婴儿哭的时候通常代表着肚子饿了、身体不舒服了，或是尿布湿了、受惊吓了，这几种意思。你们觉得这个小婴儿是哪一种呢？可以自由想象喔！我们把“婴儿哭”先写在黑板上。

教师播放第三个声音。

老师：咦？这是什么声音呢？

学生：“轰轰”的，很像骑摩托车的声音。

学生：应该是人的声音！

老师：有没有听出来？这个声音是很有节奏感的。

学生：除了“轰轰”，还有“呼呼”和很重的“哼哼”声。

学生：我知道了！是“打鼾”的声音，而且还是男生在打鼾！

老师：你们很厉害喔，这就是一个男人睡觉时打鼾的声音，很熟悉吧！有没有谁的爸爸会打鼾的？

学生：我爸会，我妈也会，连经过他们门口都会听见耶！

老师：那真的很大声，听起来有点吓人。

我们把“打鼾”写在黑板上。

教师播放第四个声音。

老师：这个很好猜吧！是什么声音？

学生：是打雷和下雨。

老师：大家可以用状声词来形容打雷下雨的声音吗？

学生：“哗哗”“淅沥淅沥”“滴滴答答”是雨声。

学生：“轰隆隆”“轰轰”是雷声。

老师：很好，这些声音代表什么样的天气呢？

学生：台风来了！或是晴时多云转阵雨的天气。

老师：对了，阵雨时常是突然来的，而且打雷多半会夹杂着大雨，不过有的阵雨很快就会停了。如果到了梅雨季节，打雷不会打得这么大声，但雨却会下得很久喔！

教师播放第五个声音。

老师：这个声音很好认，谁要抢答？

学生：我！这是电话响起的声音。

老师：可以用什么状声词呢？

学生：用“铃铃”。

老师：在这里老师要教小朋友一个有趣的东西，如果你知道有人正在找你，他一直打电话来，但你不想接，这时候你听电话铃声的感觉是怎样呢？会不会觉得铃声很急？

学生：会耶！而且听到这种铃声会让人感觉好紧张喔。

老师：对，如果铃声一直不断地响，你们就可以用“铃铃铃铃”，或是“铃铃……”，来表现连续不断的电话铃声。

小朋友，我们听完了这几种声音，就来利用下面的学习单，按照人、事、时、地、物等五个方面，开始搜集故事素材吧！

配合学习单（二）范例

听声音，编故事

小朋友，听完了声音以后，现在请按照人、事、时、地、物等五个方面，开始来编写故事素材，并利用这些材料写成作文。请你把讨论好的结果填写在下面的表格里。

人物	我、妈妈、爸爸、弟弟（小婴儿）
事件	1. 妈妈在炒菜，做晚餐。 2. 弟弟哭着要喝牛奶。 3. 爸爸睡觉在打鼾。 4. 有人打电话来，我跑去接电话。
时间	星期六的晚上，秋天，打雷下雨
地点	家里
物品	晚餐的菜有： 西红柿炒蛋、炒虾、炒菠菜、卤肉、 肉丝竹笋汤

三、尾声

作文

1.公布作文题目：晚餐时刻。

2.学生也可根据写作材料自定题目。

3.开始习作，教师巡视指导。

晚餐时刻

晚餐时刻，是一天当中最让我期待的，因为全家人可以在这时候，围着餐桌谈天说地，吃着色、香、味俱全的美食，令人感到无比地幸福。

晚餐前，家里总是很热闹。厨房传来妈妈切菜、炒菜的声音；小弟弟在房间“哇哇”地哭着，害我得拿奶瓶喂他喝奶；爸爸坐在沙发上看电视，不小心睡着了，“呼噜”的鼾声像打雷一样；“铃铃……”，电话声突然响起，我只好丢下弟弟和奶瓶，冲到客厅接电话。“咕噜咕噜……”这是什么声音呢？原来是我的肚子饿得在抗议啦！

终于可以吃晚餐啰！一看到餐桌上的西红柿炒蛋，我和爸爸就不约而同地抢起汤匙来了，还有香喷喷的炒虾，真是人间最美味的食物！最棒的是翠绿色的菠菜，妈妈笑着说：“吃了以后，会像大力水手一样喔！”我赶紧夹了一口下肚。

“嗝！”这是青蛙叫的声音吗？不是，这是我吃饱以后打嗝的声音。能够天天吃到这样的美味，我真是全世界最幸福的小孩了！

悦耳的声音盒子

拟声词	
人声	哎、呸、呢、呵、哈、吡、咯、咭、咦、哇、哩、哦、哼、唉、唔、啵、啦、啐、啊、嗬、哟、喂、吗、嗨、嘻、呜、嘛、嘘、噗、嘿、嘟、哗、嘻、哝、嗳、噢、噜、嘤、啰、叱、吁、啧、咂、咳、齁
动物声	吱、吽、汪、哞、呀、咕、呦、咿、咩、喵、咪、喳、嗡、喔、嘎、咽、叽、嘶、呱、呷
物声	叮、叭、哔、当、嚆、叩、咚、呼、咻、唰、啪、嗤、嘈、冲、碰、哗、乒、乓、铮、锵
动物界的声音	
鸟类	吱喳、吱吱、吱吱喳喳、啾啾、啁啾、咕咕、嘎嘎、哑哑、扑刺刺、拍拍、磔磔
鸡	咕咕、咯咯、喔喔、啄啄
鸭	呱呱、刮刮
狗	汪汪、汪、咆呜、呜呜、嘿嘿、哼哼
猫	咪咪、喵喵、喵呜、呼噜呼噜
老鼠	吱吱、叽叽
羊	咩咩
马	嘶、萧萧、达达
蛇	嘶嘶
蜜蜂	嗡嗡
青蛙	呱呱、咽咽
蝉	唧唧
鹿	呦呦
纺织娘	织织织织呀
自然界的声音	
雨声	滴答、答答、滴滴答答、淅沥沥、淅沥淅沥、叮叮咚咚
水声	滴答、滴答滴答、哗啦、哗哗、哗啦哗啦、淙淙、啪啪、泼剌、潺潺、扑通

风声	呼呼、咻咻、嘘嘘、呜呜、飒飒、飕飕、烈烈、瑟瑟、扑簌簌
雷声	轰轰、隆隆、轰隆隆、乒乒乓乓
火声	吡吡剥剥、哔剥
芦苇摇动	窸窣
人与事物的声音	
打喷嚏	哈啾
打鼾	呼噜呼噜
心跳	咚咚、突突、扑通扑通
耳鸣	嗡嗡
肚子饿	咕咕、咕噜
笑声	呵呵、哈哈、哇哈哈、嘻嘻、嘿嘿、吃吃、格格、咯咯
惊呼声	唉哟、哎呀、啊
婴儿哭	哇哇
喘气	吁吁
拍手	啪啪
鞭炮	砰砰、噼噼啪啪、劈哩啪啦、砰砰啪啪
喇叭	叭叭
敲门	叩叩叩
电铃	铃铃、叮咚、叮铃、叮咚叮咚、哔
皮鞋敲地	叩叩
照相	卡擦、咔哒
钢琴	叮叮咚咚
摩托车	轰轰
闹钟	铃铃铃铃
吹笛子	呜呜
救护车	呜伊呜伊
敲锣	铛铛、镗、锵锵
吹口哨	嘘嘘
炒菜	刷刷、擦擦、沙沙
吃饼干	喀啦
开电灯开关	喀
煞车声	轧吱
琴声	琤琤

火车声	戚戚卡卡
机关枪	突突突
磨刀声	霍霍
说话吵杂	叽哩呱啦、叽哩咕噜、叽叽喳喳
低声说话	喃喃
推门声	咿呀、骨剌剌
赞叹声	啧啧
杯子掉落	哐当
机器发动	轧轧
物品互击	吧嗒
东西散落	哗喇喇
鼓声	冬冬
旗帜飘扬	忽喇喇

第四课　描写动作

——哑剧的演出

动词是句子的灵魂，语言的生命，一个句子是否生动，往往取决于它的动词是否用得好。

没有动词的句子就像失去了灵魂，托尔斯泰说："在艺术语言中最重要的是动词，因为全部生活都是运动的。若是你能找到最适合的动词，那你就能安心地写你的句子。"所以我们要让学生认识动词，并练习使用动词造句。

动词常被使用在描写人物行动上，因为人的行动是思想性格的直接表现。在文学作品中，人物行动描写更是塑造人物的主要手段，老舍曾说："要描写一个人必须知道此人的一切，但不要作相面式的全写在一处，我们需随时的用动作表现出他来。"可见动作描写的重要。

描写动作应注意人物行动的生动性和典型性。生动性指的不仅是要写出人物在做什么，还要写出他怎样做；典型性指的是要写出人物为什么要这么做，而不那样做。

本课采取表演哑剧的方式，由教师先表演几个动作，让学生观察并分析它们，使得上课就像看表演，再以游戏的方式，带着孩子用身体来模仿各种动作，并透过表演学习创意的表达。

我们可以引导学生从What、How、Why这三个方向，去思考这些动作，并从教师一连串哑剧般的表演中，带领孩子学会观察与分析，以猜谜的方式，让孩子们猜出动作的意义，如此能有效提升师生间的互动，增进课堂气氛。

上台表演，对具有表演天分的孩子来说是快乐的，但有些内向的孩子可能会觉得胆怯，所以教师要先抛砖引玉，自己先上台表演几个动作，引起孩子的兴趣，就能带动他们一起上台表演，而且能让老师的教学更有魅力。

▶教学目标

①能观察与分析动作的每个步骤。

②能培养孩子敏锐的观察力和分析力。

③能运用文字将动作描写在作文上。

▶教学准备

教具：

纸张、书本、笔等表演需要的道具，以及动作题目纸卡。

教学内容规划表：

教学主题	描写动作
说明主题的前奏	动词与动作描写
配合学习单	让文字扭一下
教学活动	哑剧的演出
解释题目	上体育课
作文	作文

▶教具制作

名称：

动作题目纸卡

材料：

每张A4影印纸可制作四张题目纸卡。

制作步骤：

①以签字笔在题目卡上写下表演的题目，参考题目如下。

②教师可视学生人数，决定题目卡的数量。题目卡可以重复，目的是为了配合学生人数。

生气	伤心	唱歌	吃面	小狗高兴
打电动	看到成绩	刷牙洗脸	弹钢琴	拉小提琴
打篮球	洗澡	放风筝	跳绳	猴子抓痒
大象喝水	企鹅走路	蛇走路	螃蟹走路	花开了
麻雀跳	鱼游泳	鸡吃米	鸟飞翔	火车跑

教学活动

一、前奏

动词与动作描写

小朋友，动词是句子的灵魂、语言的生命，有了动词，我们的句子才能“活起来”喔！没有动词，我们的文章就只剩一大堆名词和静态的描写，感觉毫无生命力。

好几个动词串联起来，就变成了许多动作。

小朋友都知道，如果我们进行演讲比赛，必须靠身体动作、手势的配合，我们的演讲才会生动、感人，引起听众的兴趣，同样地，卡通影片、动作片、武侠片等等，也是靠“动作”的表演，才会吸引小朋友的观赏，可见动词和动作产生的效果，是多么大啊！

人在想什么，往往会从他的动作表现出来，“动作”能够表现许多有趣的意义，大家写作文的时候，千万别忽略动作的描写。

有动作的描写，人物才会栩栩如生，静态的花草树木也会变得活泼逼真，事情的过程才会生动有趣，像小朋友喜欢看的《西游记》，就将动作描写得十分传神。

有一次，孙悟空和魔王打架，拔一根毫毛变出两、三百个小猴分身，一起对付魔王，作者描写那些小猴：“前踊后跃，钻上去，把魔王围绕，抱的抱，扯的扯，钻裆的钻裆，扳脚的扳脚，踢打挦毛，抠眼睛，捻鼻子。”

作者把小猴子这些连续的动作串联起来，就变成一派热闹的打斗景象了。

除了有生命的人或动物，我们也可以为没有生命的事物加上“动作”喔！例如，写鞭炮就可以写成：“鞭炮一被点燃，就像跳蚤四处乱跳，大家纷纷逃离现场。”也可以加上拟人的描述：“春到了！燕子站在树梢歌唱，蝴蝶披着彩衣飞舞，玫瑰花则是红着脸儿向人们撒娇。”

大家有没有发现，这些动作描写让文章变得可爱了？现在，先让我们利用下面的学习单，练习用动词造句吧！

配合学习单范例

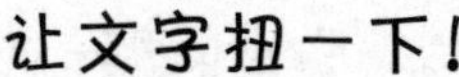

小朋友，我们写作文的时候，只要加上一些动作的描写，文字就会充满生命力。下面有四张图，请你用一段文字来描写人物的表情和动作吧！加油！

妈妈的一只手按着胸口，另一只手举向大家，满脸陶醉的样子，开心地唱着歌儿。

哥哥生气了，他的眉毛直立起来，脚用力地踏着地板，怒气冲冲地向我走过来。

小明一边哭，一边用手捶着地板，非常伤心的样子，因为他考了最后一名。

我看了《蜡笔小新》的卡通影片，忍不住抱着肚子哈哈大笑，躺在地上打滚。

二、主曲

哑剧的演出

教师先示范几个动作给学生猜，并带领学生分析这些动作，然后将分析的结果抄写在黑板上。接着，可请学生想几个动作，或由老师提供题目，让学生上台示范给全班同学看。

教师可从旁帮助学生观察同学表演的动作，并造出生动的句子。观察的目标可包含人的动作和表情，甚至可让学生自行配音，或为表演者设计说话内容。

老师：小朋友，请你们听老师念一段文字，等老师念完以后，请你们告诉老师总共有几个动作：

小美拿起一本书，轻轻地打开，转头对妈妈说："妈，读故事给我听好吗？"妈妈听了，走到她的面前，笑着说："好啊！"小美高兴地拍拍手说："好棒喔！"连忙把书拿给妈妈。

学生：拿、打开、转头。

老师：还有呢?

学生：走、拍拍手。

老师：对，非常好！现在老师示范几个动作和表情，等一下要请你们用"讲的"描述出来喔！第一个……

老师示范：手上拿着一本书，用力地摔在桌上，拉了一张椅子，重重地坐下，两只手支撑着下巴，皱着眉头，左手捶了一下桌面。

学生：这是生气时的动作！老师把书摔在桌上，很用力地拉椅子，还打了桌子。

老师：很好，你们觉得我为什么生气呢？

学生：因为和同学吵架了！

学生：因为被老师骂。

老师：你们可以想象这些动作背后代表的意义。接着，老师把题目纸牌贴在黑板上，请小朋友上来选一个纸牌，然后表演题目要你做的动作，记住！表演动作时不可以说话喔！但是可以制造音效。其他的小朋友准备开始猜答案，预备……开始！

学生表演：（看到成绩）手上拿着一张考卷，双手抖动不停，眼睛瞪得非常大，还倒退两三步。

学生：哈哈！真的太夸张了！这是看到考试成绩很惊讶的样子吧？一定考得很烂！

老师：猜对了，很厉害喔！小朋友刚刚表演手抖得很厉害的样子，就是在表现他内心的紧张，眼睛瞪得很大，则代表他的惊讶，对情绪的表现掌握得非常好喔！好，我们来看下一个！

学生表演：（刷牙）伸懒腰，一只手遮住嘴巴打呵欠，一只手抓头发，拿起牙膏挤在牙刷上，开始刷牙，喝了一口水，再用力吐出来，右手擦了擦嘴巴。

学生：很简单，他早上起床，一边打呵欠，一边抓头发，然后挤牙膏开始刷牙、漱口。

老师：完全正确！你把起床所有的动作分析得很好，以前在作文中写起床，总是写刷牙、漱口就没了，如果以后要你写起床，就可以把动作写出来，这样是不是比较生动呢？刚刚小朋友抓头发的动作，有人知道这代表什么意思吗？

学生：应该是刚起床还没清醒过来，抓抓头应该没有特别的意思。

学生：我觉得抓头的动作是要让自己更清醒，因为抓头有点痛。

老师：没错，说得很好，抓头的动作确实没有什么意义，那是人在没有意识的情形下，抓一抓头，让自己更清醒。我们将两位小朋友的答案合起来，就是正确答案了。好，我们再看下一个！

学生表演：（螃蟹走路）两只手的手指作钳子状，眼珠左右移动，脚步从左边横着走到右边，再从右边走回来。

学生：这是螃蟹走路的样子！他的眼睛只能左右移动，才能看到要去的地方。

老师：非常好！螃蟹当然不能转头，只好移动它的眼珠了，小朋友的想象力很丰富。下一个！

学生表演：（打篮球）一只手作拍打球的样子，身体左右移动作闪避状，接着一边拍球、一边小跑步，跳起灌篮。

学生：这是打篮球的动作，他一开始在运球，前面有对手冲过来想要抢球，他就一边运球，一边跑向篮框底下，然后趁对手不注意，跳高灌篮得分！

老师：哇！你分析得真好！简直比电视上的体育播报员还要专业呢！让大家都可以想象到球赛的激烈，非常棒喔！好，下一个！

学生表演：（麻雀跳）上半身往下压，双手往背后伸展，两条腿并拢，双脚靠在一起，用跳的方式前进。

学生：这是小鸟跳的样子，可是猜不出是哪种鸟。

老师：你们看过麻雀吗？麻雀不是常常出现在教室门口跳啊跳的？当麻雀移动的时候，两只脚靠在一起，用跳的方式前进，这位小朋友模仿的就是麻雀跳的样子。

学生表演：（洗澡）假装拿一块肥皂抹身上，双手作擦背部的动作，然后先洗上半身，再往下擦洗双腿，最后拿莲蓬头冲水，擦干全身。

学生：哇！表演得好清楚喔！这一定是洗澡的动作。

老师：没错！小朋友把所有洗澡的过程全演出来了，可见平常很仔细观察自己，也很有表演天分，真的很棒！我们再来看下一个小朋友的表演。

除了以上示范的几个动作，教师还可以从动物、人类、植物，甚至无生命的物体来命题，例如吃饭、看书、打电动、弹钢琴、拉小提琴、找书、跳绳、猴子抓痒、蛇走路、花开了、鱼游泳、鸡吃米、鸟飞翔、火车跑等，以孩子生活中常见的事物为出题原则，以免孩子无法模仿。

教师在游戏中的角色就是主持游戏、引导和评论孩子的表演，让孩子思考这些动作背后的意义，教导他们观察别人的动作，学到分析动作的技巧。

三、尾声

作文

①公布作文题目：上体育课。

②解释题目。

③开始习作，教师巡视指导。

上体育课

“要上课啰！”大家高兴地喊着，又叫又跳地飞奔到操场上，终于到了全班最期待的体育课，今天要打篮球。体育老师常说：“人活着就是要动！”所以每次都让我们玩各式各样的球类，让大家忙完了课业，能够舒展筋骨，调剂身心。

在许多球类运动当中，我最喜欢打篮球，因为打球的时候需要攻击和防守，除了要运用技巧外，还要动动脑筋。在打篮球的时候，我必须灵活地移动身体，左挡一下，右挡一下，有时还要转身，用背部挡住对手的抢球攻势，然后趁对手不注意的时候，用力地盖对方火锅，更要注意别被对手撞倒，所以打篮球等于是全身运动。

虽然每次上完体育课总是汗流浃背，全身脏兮兮，累得抬不起脚，但我只要一听到要上体育课，就会立刻精神百倍、生龙活虎。上体育课，不但可以尽情地玩乐，学习团队合作，还可以锻炼我们的身体，希望以后的体育课，都能像现在这样，在快乐中度过。

第五课　夸大法

——吹破牛皮也不怕！

玩具是前人的发明，更是智慧的结晶，每一样流传下来的玩具，都能历久弥新，禁得起时间的考验。玩具也是让孩子爱不释手的宝物，因此若能在教学活动中加以运用，便可提升教学的成效。

对城市的小孩而言，抽抽乐、洞洞乐、竹筷枪、鞭陀螺、踩高跷、滚铁环等有年代感的游戏，几乎都是陌生而没有接触过的，不要说没玩过，有很多玩具更是连见都没见过。

今天的作文课，我们就要把抽抽乐这种有趣的玩具，用来当作鼓励孩子发表看法的奖品。孩子每次上台发言后，就可到台下抽一个签，每支签所附的奖品都不一样，以增加游戏的刺激性。

本课举办的吹牛大赛，也是以抽签的方式，让每个孩子抽这些题目，并配合学习单，带领孩子比较一下使用夸大法的句子，与平铺直叙的简单句子有何不同。最后，使他们自己也能造出生动的句子。

因为人有对未知的好奇心，所以将抽签运用在教学上，可增加活动的刺激感，提高孩子的学习兴趣，让课堂充满欢乐的气氛。

曾经在课后，一位学生的母亲神色忧虑地问我："老师，我的孩子个性很害羞，说话也很小声，我很担心他的学习状况不好。"我惊讶地望着这位母亲："是吗？可是他刚刚一直举手，很想上台讲话呢！我以为他是个活泼勇敢的孩子。"

毫无疑问，这样的学习方式改变了内向孩子的学习力，也提升了孩子对课堂的参与度。

▶教学目标

①能引导学生表达、沟通与分享自己的想法。

②能激发学生的学习兴趣，并刺激学生脑力开发。

③能够将各种事物的特性放大，并正确地描述出来。

④能够将夸大修辞法灵活运用在作文上。

▶教学准备

教具

玩具"抽抽乐"、吹牛比赛的题目、奖品。

教学内容规划表：

教学主题	夸大法
说明主题的前奏	认识夸大法
配合学习单	夸大的句子好生动！
教学活动	吹牛比赛
解释题目	我最害怕的事
作文	作文

▶教具制作

名称：

吹牛比赛的题目

制作步骤：

①教师事先设定数个与夸大法有关的题目，并制成表格如下。

1. 山很高
2. 哭声很大
3. 地震来时
4. 打哈欠
5. 太阳很大
6. 风很大
7. 肚子饿
8. 雨很大
9. 从楼上摔下来
10. 家里很有钱
11. 很臭的屁

续表

12. 发高烧
13. 老师很凶
14. 很漂亮
15. 天空很黑
16. 柠檬汁很酸
17. 个子很矮
18. 很温柔
19. 淹水时
20. 天气很冷
21. 头发很油
22. 长得很丑
23. 房子很大
24. 视力很好
25. 走路

②将题目剪下，当作签条，并准备一个容器放置题目。

③题目数量应与学生人数相当，或多于学生的人数。

▶教学活动

一、前奏

认识夸大法

我们写作文时，为了使文章生动，或强调想表达的内容，可以把要描写的人、事、物的特点先找出来，然后再运用夸大的技巧来描写，这种写法会给人夸张、强烈而有趣的印象。

另外，把事物形容得好像很小、很不起眼，或是很不重要，虽然是缩小的描写，但也是夸饰的一种，只要描写和事实不符合，而且相差太多的，都可以当作是夸张的形容。

小朋友最喜爱阅读的童话，多数是用夸大法写成的，例如“大灰狼与七只小羊”。

故事中，大灰狼一口气吞掉六只小羊，当它吃饱睡着后，却被羊妈妈拿剪刀剪开肚皮，塞进许多大石头，再缝合起来。最后，大灰狼睡醒了口渴，因为肚子太重，而跌入井里。

在老师的引导下，孩子们开始提出疑问：“大灰狼怎么可能一口气吞掉六只羊呢？它不会噎住吗？”或是：“大灰狼怎么可能乖乖地被剪破肚皮呢？难道不必麻醉？”厉害一点的问：“为什么小羊不会被消化掉？”

这些有趣的问题，代表孩子已能深入思考熟悉的童话故事，并且理解什么是夸大法。

现在，我们就利用下面的学习单，带领孩子认识夸大法。

配合学习单范例

夸大的句子好生动！

小朋友，请你比较下面的句子，看看左边的句子和右边的句子有什么不一样？然后用夸大法造句。

妈妈好凶。	妈妈比狮子还要凶。
1. 弟弟讲话很大声。	弟弟的声音大到连外太空都听得见。
2. 哥哥听力很好。	哥哥的听力和美洲豹不相上下。
3. 我很怕拔牙。	我每次去看牙，心情就像掉到十八层地狱一样。
4. 爸爸很生气。	爸爸气得头上冒着火。
5. 小明肚子痛。	小明肚子痛到在地上打滚。
6. 阿美很漂亮。	阿美漂亮到让人一辈子都不曾忘记。
7. 学校离家里很远。	学校距离我家简直是十万八千里远！
8. 酸辣汤很辣。	酸辣汤辣到我的嘴巴都快要喷火了！
9. 家庭作业很多。	我的家庭作业堆得像小山一样。

二、主曲

吹牛比赛

教师在活动开始之前，先讲解游戏规则如下：

①活动采取抢答的方式，老师数到“三”，举手最快的人可上台发言。

②盒子里有一些题目，请每个小朋友上来，一人抽一个题目。

③拿到题目后，每个人要想一些夸张的形容，描述自己的题目。上台发言的人要先大声读出题目，然后讲述内容。

④讲完之后，可在抽抽乐抽一个签，下课后领取奖品。

⑤每位在台下聆听的小朋友，都要选出一个心目中最夸大的同学。最后得胜的人，可以得到神秘小礼物。

PART 1 抽签造句

老师：等一下你们抽到题目，就要用夸大法的方式上来发言，例如抽到“脚很大”，你就可以讲：“脚很大。我的脚很大，大到像一艘船，还可以载人呢！”好！现在每一排轮流上来抽签。

（学生轮流抽题目）

老师：每一位发言过的人，到老师这里抽一个签，下课后就可以拿着签来换一个礼物喔！现在每个人都有题目了，准备举手，一！二！三！

学生1：风很大。风很大，大到可以把101大楼给吹倒。

学生2：很漂亮。我的妈妈很漂亮，漂亮得可以迷倒全世界的人。

学生3：哭声很大。妹妹的哭声很大，像水龙头的水一样流个不停。

老师：这位小朋友的答案好像要修改一下喔！因为声音大用水流不停来比喻不太适当，可以先回座想一想，等一下再举手发言。再来下一位……一！二！三！

学生4：淹水时。淹水时，水激起的浪比熊的爪子还要凶，把人们抓走了。

老师：淹水是静态的，通常不会有大浪。想一想，淹水时水的高度是不是会越来越高？等一下再上来发言喔！再下一位……一！二！三！

学生5：雨很大。雨很大，大得可以把地板击破。

老师：形容得很妙！有时候大雨打在我们身上，都觉得很痛呢！

学生6：发高烧。弟弟发高烧，烧到头顶都冒烟了。

学生7：地震来临。地震来临时，地面都裂开了。

老师：地震来时，地面裂开是正常现象，还有没有更夸大的说法呢？

学生7：地震来临时，地面裂开，像巨兽一样把人吞掉。

老师：非常好！这句话有夸大，有譬喻，也有拟人，真的很棒呢！下一位……一！二！三！

学生8：天气很冷。天气很冷，冷到可以把滚烫的热水结冰。

老师：这样子是高速冷冻，真的很夸张！

学生9：个子很矮。弟弟的个子很矮，就像不倒翁一样。

老师：老师曾经看过游乐场摆着比人还高的不倒翁，所以不倒翁不一定是小小的，还有其他夸张的比喻吗？先回座想一想再发言喔。

学生10：老师很凶。老师很凶，比狮子老虎还要凶。

老师：哈哈，希望不是在说我。

学生11：很臭的屁。妹妹放的屁比臭鼬还要臭。

学生12：柠檬汁很酸。我买的柠檬汁很酸，酸到可以把肠胃融化掉。

老师：太可怕了，的确是有够夸张！

学生13：视力很好。我的视力很好，连妈妈在国外做什么都看得到。

学生14：走路。爸爸走路很用力，可以把房屋震垮。

学生15：太阳很大。太阳很大，大到把人的皮肤都晒焦了。

学生16：房子很大。我家的房子很大，一整天都还走不到厕所。

老师：这样的房子真的很大，而且还像座迷宫一样吧！

学生17：家里有钱。同学家里很有钱，钱多到可以把101大楼装满。

老师：钱多到可以把大楼装满，那么银行的金库肯定装不下。

学生18：肚子饿。我的肚子很饿，饿到想吃人了！

学生19：个子很矮。姐姐的个子很矮，矮到快看不见了。

老师：如果你的姐姐听了会很生气吧？真的好夸张！

学生20：山很高。山很高，高到快要碰到臭氧层了。

学生21：很臭的屁。哥哥的屁很臭，连没有嗅觉的人都闻得到！

老师：你和其他同学交换题目了？很好，如果小朋友有什么想发言的题目，可以和其他人交换喔！还有，你的答案真的很夸张！

学生22：很漂亮。老师很漂亮，全世界的男生都看得目不转睛。

老师：啊！希望你说的是真心的。哈哈！

学生23：淹水时。淹水时，水涨的高度都快比云高了。

学生24：天气很冷。天气很冷，冷到每个人都要穿一百件衣服才行。

学生25：天很黑。天很黑，简直比墨汁还要黑！

老师：大家的表现都很棒，刚才有三位小朋友还没发言完，请上来发言吧！

学生3：哭声很大。妹妹的哭声大到天都快崩塌，太阳都要跳下来抗议了。

老师：哇！你真的是“太夸张了”！好棒喔！

学生4：头发很油。爸爸的头发很油，苍蝇站在上面都会滑下去。

学生9：个子很矮。弟弟的个子很矮，害我要拿着放大镜找才行！

老师：你的弟弟真的很“迷你”耶！好，现在我们开始提名最夸大的小朋友，选出三位候选人，一人一票。

PART 2 表决时间

老师：刚才大家已经选出三位最夸大的小朋友，请这三位上来再抽一个题目，我们大家一起评分，选出最会吹牛的同学。

学生11：个子很矮。妹妹的个子很矮，比蚂蚁的小腿还要矮。

学生2：太阳很大。太阳很大，可以把每个人都晒成炭。

学生3：天气很冷。天气很冷，冷到所有的人都变成了冰块。

老师：大家都听清楚了没？好，现在请大家表决。

（表决后剩下两位，再决赛一次）

学生11：打哈欠。妹妹打哈欠时吐出来的气，可以把人吹到外太空去。

学生3：房子很大。我家的房子很大，大到比美国的土地还要大。（选出答案最夸大的小朋友）

老师：颁奖时间！恭喜这位小朋友获得“最会吹牛奖”，掌声鼓励！

活动精灵

①本活动将抢答游戏、抽签与玩具结合，目的是激发学生对课程内容的参与投入。举手抢答考验学生的反应力，抽签可以制造刺激，而“抽抽乐”更是一种怀旧而趣味性丰富的玩具。

②老师应给予每位学生发言的机会，让人人有奖。这样的课程设计，使平常很少举手发言、个性害羞内向的学生，也十分热烈地投入，迫不及待被老师点名上台发言，制造出来的课堂气氛极佳。虽然有些学生在上台发言时，还是表现出胆怯的模样，但老师可以轻拍学生肩膀，从旁补充说明，或是带动全班同学掌声鼓励，以协助学生顺利发言。

三、尾声

作文

①公布作文题目：我最害怕的事。

②解释题目。

③开始习作，教师巡视指导。

我最害怕的事

我最害怕考试了！每次听老师说要考试了，我的脸就会烫烫的，心也怦怦乱跳，就像掉入了没有底的井里，整晚一直做恶梦。最糟的是，如果考不好，就会被妈妈打得“皮开肉绽”，所以我最害怕考试。

通常在考试的前一天，我就会觉得头皮发麻，像被雷打到似的，全身的鸡皮疙瘩都冒出来了。考试前，我也很容易拉肚子，像有好几只老鼠在我的肚子里，钻来钻去，弄得我痛得不得了，只好吃些胃肠药，然后躺在床上休息。真的，每次都是这样！

到了考试的当天，我面对着陌生的考卷，只觉得一阵晕眩，全身都在不停地发抖。我拿着笔，脸色快速地发白，但很快又回到现实，回到眼前的考卷。虽然眼前的题目是很难的，但我想，我还是能咬着牙渡过这一关。

祝我好运吧！

第六课　譬喻法
——我爸爸像……

对孩子来说，欣赏绘本是一种乐趣，孩子可以在美丽的图画中，寻找自己最喜欢的角色，进行角色替换，以满足他们对世界的好奇。

大人带着孩子阅读绘本，就像为孩子开启了一扇窗，透过美丽的图画与简单的文字，拓展孩子对美的欣赏力与想象力。绘本中充满了丰富的意象、瑰丽的色彩，能带领他们超越眼前的限制。

利用绘本教学，是指运用绘本图文并茂的特性，让学生从图画及文字中，了解故事的内容，即使绘本的文字和图画表现简单，学生也能在教师的引导下，增进自己的观察力。教师善用绘本可以拓展学生的视野，激发学习的潜能，是很好的教学法宝。

教师可视课程的需要，挑选适合的绘本来发展教学活动。然而我们不一定要因为孩子的年纪较大，就放弃文字较少的绘本，因为我们教学的重点在观察，文字的多寡并不是最重要的。

本课的教学主题是譬喻法，我们挑选《我爸爸》这部绘本，其内容可作为譬喻法的教学，以及对夸大法的回顾。

另外，引导过程中的气氛营造，与教师说话的声音、表情息息相关，在看完绘本后，与学生讨论故事情节、图画细节和人物的表现，也是教学重要的一环。

▶教学目标

①能够认识譬喻修辞，并运用在作文上。

②能读懂绘本图画的细节，增进观察力。

③能欣赏绘本的文字表现，印证学到的写作技巧。

▶教学准备

教具：

绘本《我爸爸》

作者：安东尼·布朗

出版社：（台湾）格林文化出版社

日期：2006年4月

教学内容规划表：

教学主题	譬喻法
说明主题的前奏	认识譬喻法
配合学习单	听音乐，找譬喻
教学活动	阅读绘本
解释题目	我爸爸像……
作文	作文

▶教学活动

一、前奏

认识譬喻法

PART 1 譬喻的特征

我们写文章时，有时为了把事物或感情表现得更生动，使别人容易理解，通常会用比喻的方法来加以描写，这种修辞方法就叫作譬喻法。

譬喻法可以用来描写人或物的外表、个性和特质，通常是拿某样事物去形容另一样事物，而且这两种事物必须要有共同点，或是相似的地方，才能够彼此作为比喻喔!

例如，常常有人说："你和你哥哥长得好像喔！"你和哥哥的共同点就是长相相似，而且都是同一个父母所生。当你们长大一点，有的男生喜欢女生，就会对那个女生说："你的眼睛像星星一样明亮。"是把女生的"眼睛"比喻为"星星"，两者的共通点就是"明亮"，女生听了都会很开心的!

从老师举的例子，就知道譬喻法的句子有一个简单的规则：

A像B或A是B

大家都知道了吧，譬喻法有一个很容易辨别的特征喔！只要小朋友看到“像”“是”“就像”“好比”“好似”“如”等词语，就知道那是用譬喻法造的句子了！

PART 2 听音乐，找譬喻

小朋友，你们都很喜欢听流行歌曲，但常常没有很仔细地读这些歌词，其实在这些耳熟能详的歌词中，就隐藏着许多很棒的修辞方法喔！现在，老师先播放几段歌曲，每一段都只有十几秒，请你们一边听音乐，一边看着学习单，然后试着找出藏在歌词里面的譬喻法吧！

配合学习单范例

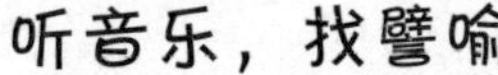

小朋友，听完好听的歌曲，看过下面的歌词后，你能不能找出含有譬喻法的句子呢？请你找出来，并将答案写在括号里。

①蔡依林　许愿池的希腊少女	作词：黄俊郎
少女手中的银币　沉入池里 她的表情像涟漪　那么透明美丽 吉他换成了快乐的圆舞曲 诗人决定了标题　许愿池的希腊少女 **这句歌词是用（涟漪）来比喻（表情）。**	
②香香　老鼠爱大米	作词：杨臣刚
我爱你爱着你　就像老鼠爱大米 不管有多少风雨　我都会依然陪着你 我想你想着你　不管有多么地苦 只要能让你开心　我什么都愿意　这样爱你 **这句歌词是用（老鼠爱大米）来比喻（我爱你）。**	
③周杰伦　七里香	作词　方文山
秋刀鱼的滋味　猫跟你都想了解 初恋的香味就这样被我们寻回 那温暖的阳光　像刚摘的鲜艳草莓 你说你舍不得吃掉这一种感觉 **这句歌词是用（鲜艳草莓）来比喻（阳光）。**	
④萧亚轩　后来的我们	作词：黄俊郎
回忆像慢慢远离的车灯 我们都带着悲伤的眼神 剩一个人　还能不能 唱出最温暖的歌声　谁爱得比较深 **这句歌词是用（慢慢远离的车灯）来比喻（回忆）。**	

活动精灵

①教师可带领学生聆听歌曲，再从学习单找出使用譬喻法的歌词，并解说修辞的用法及歌词意境。

②播放音乐的时候，可以鼓励学生一起唱歌，课堂气氛将变得温馨而轻松。

二、主曲

阅读绘本

PART 1 绘本介绍

安东尼·布朗的作品，有其独特的绘画语言，那就是图画里的每个物件，都不只是表面的样子，背后还有更深层的东西，有许多“暗号”藏在图画里，因此充满探索的乐趣。

在《我爸爸》这本书里，作者让穿着爸爸睡袍的马、鱼、大猩猩和河马，以小朋友式的超现实想象，呈现出爸爸在孩子心中的地位。

我们在阅读的过程中，发现孩子对于找寻这些隐藏在图画里的小红帽、三只小猪、棒球、橄榄球、足球和网球等物件，非常有兴趣，教师可以让孩子们玩玩“找茬”的游戏，营造欢乐的气氛。本书文字简短，但多以“我爸爸像……”来叙述，符合本课的教学主旨。

今天我们看的这本书《我爸爸》，内容是讲一个小男孩对他爸爸的感觉，他用了很多奇妙的比喻来形容他的爸爸喔！作者是安东尼·布朗，是英国很有名的插画家，得过国际安徒生大奖。

故事中的小男孩一开始就说："这是我爸爸，他真的很酷！"是怎么样的"酷"呢？小男孩说："爸爸什么都不怕，连大灰狼都吓不倒他。"你们看作者画了一只大灰狼向爸爸扑过去，可是爸爸表现得很有自信的样子，完全不怕呢！大灰狼后面的树木还躲了三只小猪和小红帽，为什么呢？因为这些故事都有大灰狼的角色啊！作者在这里跟小朋友开了一个玩笑呢！

接着，小男孩告诉我们爸爸有哪些"特异功能"。他说爸爸可以跳过月亮、会走钢索、敢和巨人摔跤，表示爸爸跳得很高、平衡感很强，而且力气很大，又说爸爸轻轻松松就跑了第一名，赢了其他人的爸爸，表示爸爸跑得很快，真的是一个很酷的爸爸！

爸爸还像什么呢？小男孩说爸爸吃得像马一样多，游泳像鱼一样灵活，又像猩猩一样强壮，整天像河马一样笑咪咪的，爸爸和这些动物一样厉害！作者将爸爸的头画成了马、鱼、猩猩和河马的头，来表示爸爸的身上有这些动物的特质喔！

小男孩又说爸爸长得非常高大，看起来像栋大房子，作者在爸爸的背后画了一个和爸爸一样比例的房子，造成错觉，看起来爸爸真的和房子一样高，他又把爸爸画成玩偶熊，表示爸爸像玩偶熊一样地温柔。爸爸又像猫头鹰一样聪明，带着博士帽，博学多闻，但有时也会做点傻事，在图画里面，他的头一下子变成猫头鹰，一下子又变成看起来笨笨的“刷子头”发型。

男孩说，爸爸有时候是个舞蹈家，也是个歌手，踢足球的技巧也很棒，作者将足球场上的树木画得像各种球类，有棒球、橄榄球、足球和网球，好有趣！爸爸还常常逗小男孩笑，他衣服上的扣子也被画成了笑脸呢！最后，小男孩说：“我爱我爸爸。”你们看，爸爸的衣服钮扣又变成了太阳呢！这就是像太阳一样温暖的爸爸！小男孩和爸爸开心地抱在一起，感觉好幸福喔！

老师：小朋友，看过了这部绘本，你们算一下这本书里，小男孩总共使用了几个譬喻来形容爸爸呢？你可以说出来吗？

学生：一共有七个地方使用了譬喻法，有：我爸爸吃得像马一样多、游泳时像鱼一样灵活、像大猩猩一样壮、像笑咪咪的河马、看起来像大房子、像泰迪熊一样温柔、像猫头鹰一样聪明。

老师：作者又使用了哪些夸大法形容爸爸呢?

学生：连大灰狼都吓不倒爸爸、他一跳可以飞过月亮、敢和巨人摔跤、是伟大的舞蹈家和了不起的歌手。

老师：你们的观察很仔细喔！不管是譬喻或夸大，都是小男孩对他父亲的想象，非常地生动精彩。好，我们看完书里面的爸爸了，你们可以想一想，自己的爸爸有没有比小男孩的爸爸还厉害呢？你们的爸爸是做什么工作的？长什么样子？身材怎样？还有，爸爸的个性是很凶呢？还是很温柔？等一下，老师就请大家写一篇作文，介绍自己的爸爸。

三、尾声

作文

①公布作文题目：我爸爸像……

②学生可根据写作材料自定题目。

③开始习作，教师巡视指导。

我爸爸像……

我爸爸像汽车的喇叭，生气的时候，嘴巴会发出声音，但是却没有任何行动。因为爸爸是个好脾气的人，就算我再怎么调皮，他也只是头上冒出许多烟，眼睛瞪得像牛一样大而已。

我爸爸的身材像河马一样，胖胖的，很有分量。他的下巴像鹈鹕一样宽，像可以捕鱼似的，睡觉的时候会发出“呼噜呼噜”的声音，吵得妈妈很生气。有一次，妈妈偷偷录下爸爸睡觉的声音，再放给他听，那声音听起来就像打雷，爸爸听了，眼睛又瞪得像牛一样大了。

我爸爸像我的好朋友，又像我的好兄弟，我们常常一起出去打球，不然就是在家里看球赛，打电动。爸爸像个博士一样，我不会写的数学题目，对他来讲都很容易，一下子就帮我解决了！

我喜欢我的爸爸！

第七课　拟人法
——橡皮擦的心事

所有的孩子都喜欢假装成另一个人，或另一种角色。

本课的角色扮演是戏剧角色扮演的延伸变化，透过故事和问题情境的设计，让孩子在设身处地的情况下，扮演故事中的角色，以增进学生的观察力与想象力。

角色扮演使得学习不再是单方面的接受，孩子在角色扮演的过程中，将想象力发挥到极致，并获得学习的乐趣，引发孩子对学习的主动性。

今天作文课的主题是“拟人法”，由于拟人法是把无情的物，用有情的人来比喻，所以，我们配合作文题目，将孩子设想为文具用品，让他们假扮这些文具，彼此对话、聊天，造成有趣的现象。

在引导的过程中，让孩子自己决定要当哪一种文具，决定自己的长相，并配合认识拟人法修辞的学习单，使孩子对拟人法有清楚的认识，并能成功地将学到的技巧使用在写作上。

“橡皮擦的心事”或“铅笔的心声”，被许多学校的师长拿来命题过，很多学生也都写过了，内容大都是：“每天，我都和橡皮擦、圆规、圆珠笔住在一起。主人天天把我削得尖尖的，保持整洁、干净，还将我们装进铅笔盒里，真是谢谢你。”描写十分单调。本课将角色扮演，应用在写作前的引导，孩子将写出极具趣味性的文章。

▶教学目标

①能够透过角色扮演想象非生物的世界。

②能够从不同角色的立场去看问题。

③能够清楚了解拟人法在作文上的运用。

▶教学准备

教学内容规划表：

教学主题	拟人法
说明主题的前奏	认识拟人法
配合学习单	拟人修辞在哪里？
教学活动	角色扮演：我们都是文具用品！
解释题目	橡皮擦的心事
作文	作文

▶教学活动

一、前奏

认识拟人法

拟人法就是将不是人类的事物，加上人的特征，让单调的事物也能变得有趣动人，它可以使一支铅笔有人的思想感情，有朋友、有家人，甚至有住的房子，也可以让月亮和星星在夜晚聊天，然后发生一些有趣的故事。

此外，小朋友有没有发现，许多童话故事都是用拟人法写成的喔！例如有名的“三只小猪”与“小红帽”。

“三只小猪”里面的猪兄弟，每个都会盖房子耶！而“小红帽”里面的大灰狼，不但会说话，还会假扮成小红帽的外婆去骗人。

最妙的是“七只小羊”的故事。当七只小羊知道大灰狼来了，就到处躲藏，有的躲在床底下，有的躲在时钟里面，有的躲在桌子下面，结果都被大灰狼一一找出来吃掉了。最后的一只小羊躲得很好，没有被发现，等它逃出去以后，还跟羊妈妈哭诉呢！

连很有名的故事书《小王子》也使用了拟人法。

有一天，一粒玫瑰的种子飘落在小王子那里，小王子用心地种植，亲自浇水、除虫，长成后的玫瑰很漂亮。习惯了小王子照顾的玫瑰，不断地提出要求，又要屏风，又要玻璃罩，由于小王子很珍惜玫瑰，所以一一满足了她的要求。可惜玫瑰一点也不感谢，还变本加厉提出更多的要求，最后，小王子选择了离开。

这些都是拟人法的使用喔！

现在，就请小朋友利用学习单，将下列句子中，出现拟人修辞的词语圈选出来，然后填入括号里吧！

配合学习单范例

拟人修辞在哪里？

小朋友，下面有一些句子，每个句子里面都躲了几个拟人修辞喔！请你一个一个地找出来，然后把它们填写在右边的括号里。

1. 风儿顽皮地把人们的帽子打下来。	（顽皮、打）
2. 萤火虫拿着手电筒，在黑暗中找到了回家的路。	（拿着手电筒）
3. 苹果害羞地红着脸蛋。	（害羞、红着脸）
4. 云是个很有天分的画家，为天空画上美丽的色彩。	（画家、画上）
5. 乌龟对兔子说："我们又不赶时间，跑那么快做什么呢？"	（乌龟对兔子说）
6. 春姑娘为大地披上一件翠绿色的新衣。	（春姑娘、披上）
7. 海浪温柔地轻抚着沙滩。	（温柔、轻抚）
8. 萤火虫提着灯笼，帮夜归的人找到回家的路。	（提着灯笼）
9. 雪融了，小草就偷偷地从地底下钻出来了。	（偷偷、钻）
10. 花儿看到强风吹来，就吓得掉了满地的花瓣。	（看、吓）

二、主曲

角色扮演：我们都是文具用品！

（一）准备活动

本课的角色扮演对象，为文具用品的铅笔和橡皮擦，教师先让学生自行选择要扮演铅笔或橡皮擦，再提出事先设计好的问题，与学生作讨论。

A 请选择铅笔的学生起立，教师发问，每个问题都以“如果你是铅笔”开头：

①如果你是铅笔，被削铅笔机削尖时，你觉得怎样？

②如果你是铅笔，你最重要的是哪个部位？

③如果你是铅笔，你走过的地方一定会留下什么？

④如果你是铅笔，你的身高会一天比一天怎样？

⑤如果你是铅笔，你对主人有什么帮助呢？

B 请选择橡皮擦的学生起立，教师发问，每个问题都以“如果你是橡皮擦”开头：

①如果你是橡皮擦，你会时常制造什么东西出来？

②如果你是橡皮擦，你被用到剩下一小块就会有什么遭遇？

③如果你是橡皮擦，你和铅笔的关系是怎样的？

④如果你是橡皮擦，你的橡皮擦同伴们有哪些形状呢？

⑤如果你是橡皮擦，你对主人有什么帮助呢？

讨论完上面的问题，教师可将全班分成四到五组，协助孩子调整座位，让同组的学生坐在一起。

角色扮演的时候，将担任各角色的学生分组，以自我介绍的形式，来模拟铅笔和橡皮擦的想法，教师可从旁协助。

角色的假想情境是几个文具用品彼此自我介绍，内容如下例：

①我是一支铅笔，名字叫作小明。

②我的身材高高瘦瘦的，身上有红、蓝、白三种颜色的条纹。

③我的文具好朋友是直尺，因为他总是帮助我走路走得很直。

⑤我讨厌的文具是橡皮擦，因为他总是把我写的东西擦掉，害我得再重写一次。

活动精灵

①准备活动时，由教师提出与铅笔、橡皮擦有关的问题，让学生了解角色扮演的内容。

②活动过程中，如何引导个性较内向害羞的孩子，是教师需要费心的问题。建议教师技巧性地分组，让内向的孩子与

同班好友分配在同一组练习，减少内向孩子的焦虑。在内向的孩子尚未习惯在同学前陈述看法前，老师可安排他和一至二位好友同组，让他能比较自在地表达。

③分组的目的是为让学生透过角色扮演，以铅笔、橡皮擦或其他文具的“身份”，学习将无生命的物体拟人，对同学作自我介绍，使拟人更生活化。

④每组约在四到五个人，如此每位学生对话练习的机会才能平均。为避免分组活动占用掉课堂大部分的时间，座位的分配应事先规划，减少搬动桌椅造成的时间浪费。

（二）发展活动

PART 1 引导

老师：各位小朋友，请你们想象一下自己是文具用品。如果你是文具，你会住在哪里呢？

学生：住在铅笔盒里。

学生：住在书桌抽屉。

学生：有时候会住在主人的背包里。

老师：那么，你有没有兄弟姐妹呢？

学生：有，主人有好多、好多笔，全部都是我的兄弟姐妹！

学生：其他的文具像是铅笔、尺、圆规等等，也都是我的兄弟姐妹。

老师：好，请各位小朋友看看黑板，选出你想要当铅笔，还是要当橡皮擦。大家都选好了吗？要当铅笔的人请举手。

（选择铅笔的学生们举手）

老师：很好，请放下。要当橡皮擦的人请举手。

（选择橡皮擦的学生们举手）

老师：好，请放下。老师想要当橡皮擦喔！所以大家要叫我“橡皮擦”老师。现在，请所有的铅笔站起来，老师有几个问题想问你们。

（所有铅笔学生起立）

老师：现在你们是铅笔，老师想问你们，当你们被削铅笔机削尖时，会觉得怎样？

学生：会好痛、好痛喔！这是一件痛苦的事。

学生：像是被放进绞肉机里面吧！太可怕了！

学生：会觉得很开心啊！因为是主人帮我作美容。

学生：会制造很多垃圾出来，让环境变得很脏吧！

老师：大家都很有创意耶！老师再问你们，你身上最重要的是哪一部分？

学生：是笔芯啊！没有笔芯就不能写字了。

学生：我觉得是笔头，没有头的话也不能写字啊！

学生：应该是外面的这层木头吧，没有这层壳，主人也没办法握着我的笔芯写字啊！

老师：对喔！握着笔芯写字，笔会很快就断了。再请问，你们走过的地方一定会留下什么呢？

学生：会留下痕迹。

老师：痕迹就是“笔迹”，还有呢？

学生：就好像铅笔走过的地方都会掉下一些东西，像是钱啊之类的。

老师：这个设想也很特别喔！你可以想象铅笔是有钱的身份，然后再推想下去。再问你们，身为一支铅笔，你的身高会一天比一天怎样？

学生：当然是会越来越矮啰！

学生：可是主人都不用的时候，我的身高就不会变。

老师：为什么主人不用你呢？

学生：可能是我的衣服穿得不够漂亮吧！

老师：有道理，人们买铅笔的时候总是会注意外表的。像你们当铅笔的，对主人有什么帮助呢？

学生：可以帮主人写功课和考试啊！

学生：可以让主人画出美丽的素描。

老师：还可以做很多的事吧！等一下写作文的时候要写出来喔！好，请铅笔们坐下。（铅笔学生坐下）

老师：现在请橡皮擦们站起来。老师问你们，你们橡皮擦有哪些形状呢？

学生：很多种啊！有星形、圆形、正方形、长方形等等，长的短的都有。

老师：像你们当橡皮擦的，会时常制造什么出来呢？

学生：橡皮屑。

老师：这些屑屑很像我们人的什么呢？

学生：像人的头皮屑一样！

老师：对了！还有没有其他想法呢？

学生：橡皮擦一直掉头皮屑，到最后会变成光头吧！

老师：没错，真的是很有意思的想法。老师再问你们，如果你被用到剩下一小块，会有什么遭遇呢？

学生：会被主人丢掉。

学生：会被抛弃，实在太可怕了。

老师：这样橡皮擦会难过吧？有没有什么方法可以不被丢掉呢？

学生：我就不让主人用我。可是这样好像表示主人不喜欢我。

老师：很矛盾对不对？你可以好好地想一想喔！老师再问，你们和铅笔的关系是怎样？

学生：是好朋友，因为铅笔写错的字，我会帮他擦掉。

学生：是好朋友啊，因为我们是“合体”的。

老师：“合体”？

学生：很多铅笔的头上不是都有一块橡皮擦？

老师：对，没错！果然你们和铅笔的关系很密切。

学生：可是我觉得铅笔是我们的敌人，因为他动不动就在我们身上刻字。

老师：啊？这样很痛吧！你们一定很生气。

学生：铅笔在我们身上刺青，害我们变得很丑很丑。

老师：你们说说看你们对主人有什么帮助呢？

学生：可以改变主人犯的错。

学生：可以擦掉所有让人不喜欢的东西。

学生：我们还可以擦掉脚印、灰尘等脏东西，让纸张恢复洁白喔！

老师：非常好，请橡皮擦同学坐下。

PART 2 分组

老师：现在我们开始分组，五个人一组，开放一些时间让大家聊天。

（协助学生分组及调整座位，发角色扮演卡，让学生拿在手上）

老师：老师要每一组的每个文具用品，都要自我介绍，聊一聊。请开始！

小组示范：

王小明：大家好，我是王小明铅笔，我长得高高瘦瘦的，张小凯橡皮擦是我的好友。张小凯：我是张小凯橡皮擦，我很矮，身材圆圆胖胖，王小明铅笔是我的好朋友。吴小桦：我叫吴小桦铅笔，爱穿粉红色衣服，我喜欢主人常常用我。

陈小怡：我是陈小怡铅笔，我很爱干净，所以讨厌橡皮擦在铅笔盒里面制造垃圾。林小如：我是一块橡皮擦，叫我小如就好。我是很爱干净的，喜欢擦掉脏脏的东西。

三、尾声

作文

公布作文题目：橡皮擦的心事。

解释题目。

开始习作，教师巡视指导。

橡皮擦的心事

亲爱的主人，我希望你能够好好地对待我，不要再拿铅笔在我身上刺青，或是拿小刀割我了，因为这么做会让我很痛，而且也会破坏我的美丽。也不要把我身上包的那张包装纸撕掉，那可是我的衣服呢！没有穿衣服真的很冷。请主人要爱惜我喔！

主人，我偷偷地告诉你，圆规常常趁你不注意的时候，用他长长的脚踢我，还把我的身体戳出很多个洞；修正液也非常不礼貌，每次和大家吵架，就吐出白色的口水。你不在家的时候，每个文具用品都很不乖，只有我静静地躺在铅笔盒里。

我也希望主人不要常常使用我，因为如果你一直用我，我的身体就会变得越来越小，当我小到让你没办法拿着我擦东西时，可能就会被你丢掉，而且你从此以后就再也不理我了。

我知道，总有一天，我会离开你的身边，但我还是希望主人能够实现我的愿望，将我放在书桌上观赏就好，这样我才不会太早离开你，可以永远陪伴着你。

第八课　建立结构概念
——海边露营记

许多孩子写作时，都有不分段、段落没有逻辑次序及首尾不连贯的毛病。今天的作文课，就是要训练孩子基本的文章结构概念，学会段落的安排。

文章结构是作文重要的一环，一篇作文由好几个“段落”组成，而实际上，每个段落只能表达一个观念和主题。本课使用看图作文的方式，以四幅图画为题材，一幅图就是一段文字，学生根据画面内容来写作，再由段落写作学会短文写作。

教学采用的图片内容，需要教师的精心挑选，图片内容应以能自由排列组合为原则，并能由组合的过程中，变化出不同的内容，甚至可以发展出不同的故事结局。

进行看图作文的步骤，首先是细审画面，教师事先针对图画内容设计问题，利用发问引导学生读懂图画的意思。对于画面上的人、事、景、物，都要细心观察，要分辨清楚画中的内容，才可据此写出故事，写出人物形象，写出某种意义。

其次，要丰富细节，对内容加以必要的补充，或是运用修辞美化文字。写作时，可让学生自由组合图画，给予孩子发挥创意的空间。

不论孩子对图画顺序作何种排列组合，只要四幅画的内容都写到，而且叙述合理、符合逻辑、句法正确、标点符号都用对，就能得到不错的成绩。

▶教学目标

①能具备对文章结构的基本概念。

②能适当安排文章的段落。

③能激发写作的创意、想象力与观察力。

▶教学准备

教具：

四张A4大小的图画

教学内容规划表：

教学主题	建立结构
说明主题的前奏	认识文章结构
配合学习单	看图段落写作
教学活动	组合图画说故事
解释题目	海边露营记
作文	作文

▶教具制作

名称：

海边露营记示意图

说明：

①教师可自行绘制图画，也可利用本书所附的图片。

②教学活动时，须打印此四张图卡，以便带领学生进行观察。

▶教学活动

一、前奏

认识文章结构

什么是文章结构呢?

文章结构就像盖房子，钢筋骨架就是房子的基本结构。如果拿人体来比喻，人身上的骨头就是人体的结构，然后才是肌肉，没有了骨架就没办法把身体撑起来，就像得了“软骨症”。

我们首先要知道，一篇作文是由好几个“段落”组成的，小朋友学写作文，要了解什么是“起承转合”，然后学会把作文分成四段来写，等到你们学会分段以后，就可以按照写作内容的需要，把文章分成好几段了。

什么是起、承、转、合呢？这四个东西可是非常重要的喔！老师用“灰姑娘”的故事来说明：

“起”是故事的开头。如果讲灰姑娘的故事，说故事的人，就要在这里先介绍灰姑娘的家庭背景。灰姑娘原本过着幸福的生活，后来爸爸娶了后母，就受到后母和姐姐的虐待，做着仆人的工作，过着悲惨的生活。

“承”就是进一步地去发展故事。某一天，王子要选新娘，办了一个舞会，欢迎全国的少女来参加。灰姑娘也很想去，但是后母和姐姐却不答应，甚至把她关了起来。小朋友会想到，灰姑娘要怎么脱困呢？应该怎么解决问题呢？有没有人会来救她？在这里就进入了“转”。

“转”是故事最精彩的地方，也就是故事的“高潮”。灰姑娘被关起来，仙女和动物们出现，帮助她逃跑，还将她打扮得非常美丽和王子跳舞。但是当钟声响了十二下，灰姑娘赶着回家时，却掉了一只玻璃鞋，王子便拿着鞋子拼命找她。“转”的部分最精彩，内容最丰富，大家会想，结果到底是怎样呢？他们俩会不会在一起？有一种期待的感觉。

最后是“合”，也就是文章的“结尾”。经过一些阻碍，王子终于找到了灰姑娘，两人就愉快地生活在一起，后母和姐姐也受到处罚了，大家都喜欢看这样的结局！

起、承、转、合就是作文的一、二、三、四段，童话故事可以分成这样的结构，小朋友也可以这样把作文分成四段。

让我们先从文章的一个段落开始练习，请大家看着学习单上的图画，把它们写成一段文字。记得，每一张图片只能写一到两句话，然后再把这些话组合成一段文字。

配合学习单范例

看图段落写作

小朋友，请根据图画的提示，写一段文字来描写图片的情节，每一张图片，只要写一到两句话就可以。加油!

题目一

1.一大早，小女孩背着书包上学去。

2.走到一半天上突然闪电打雷，开始下起大雨来。

3.害小女孩的全身都湿透了。

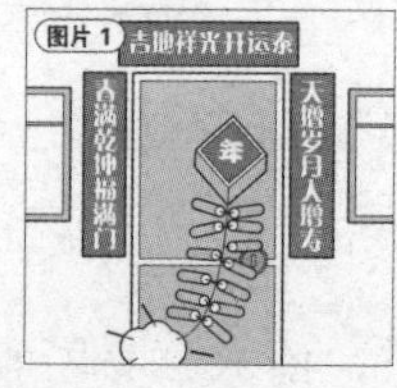

题目二

1.新年到了，家家户户的门上都贴着春联。

2.妈妈拿着扫把打扫庭院的落叶。

3.接着，开始洗全家人的衣服。

4.最后妈妈才把垃圾包起来拿去丢掉。

二、主曲

组合图画说故事

做完了学习单，小朋友已经知道一个段落要怎么写了。现在，再看看老师手上这四幅图画，想一想该怎样重新组合，把它编成一个有趣的故事！

我们要做的第一件事情，是找出图片中的人、事、时、地、物。

从图1可以知道这是一家人，家庭成员有爸爸、妈妈、小孩和一只狗。他们全家开车出去玩，天气很晴朗，车顶上面载了他们的行李。想一想，这家人此时的心情，应该是怎样呢？

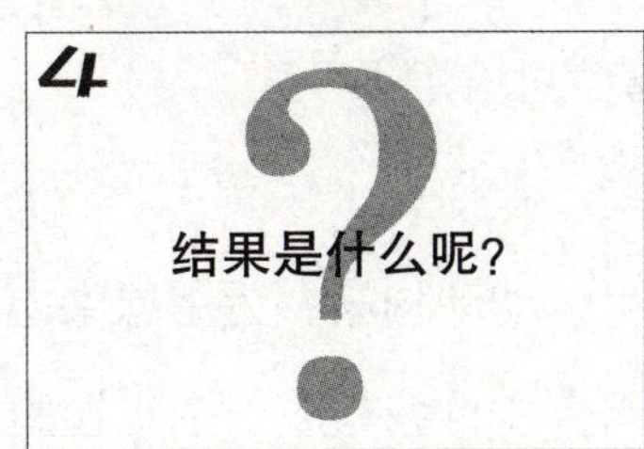

图2的地点是在海滩，地上有太阳伞、音响和大毛巾。图画里有人在晒日光浴，我们可以想象一家人躺在沙滩上，一边听音乐、一边享受太阳晒在身上的温暖，好快乐啊！这张图画的时间，可能是在中午或下午，你们看，太阳画得好大！

图3的地点应该还是在海边，也许是晚上了，一家人搭好帐篷，想要在海边露营，可是却突然下起大雨，他们脸上的表情，说明心情的惊慌和失望。

你们觉得这家人会怎么做呢？大家对这四张图片有意见的话，可以发表喔！

学生：他们应该会立刻打包回家吧！下雨太扫兴了！

学生：他们快乐地出发，很高兴地玩了一个下午，虽然晚上下雨，但应该不可能那么快就放弃吧？如果是我，就会等雨停了再继续玩。

学生：我觉得他们可能正在玩，突然遇到下雨，所以脸上的表情才这么惊慌。

学生：我的感想是，好不容易出门露营，竟然下雨了，真的很倒霉！

老师：大家都有自己的想法，很好！小朋友，你们还可以动动脑筋、运用想象力，看看这四幅画是不是可以重新组合，再编写成一个有趣的故事？你们可以不必依照图的顺序，自己组合看看，例如：1→3→2→4。

学生：咦？把图2和图3的顺序颠倒，心情就完全不一样了！

学生：一家人很快乐地出去玩，露营的时候突然下雨，心情很失望，不过第二天又是晴天了，大家玩得很开心！

老师：小朋友有没有发现，我们把图片的顺序调换，故事就从乐极生悲变成先悲后喜，你们比较喜欢哪一种呢？再想象一下海边露营的结局会变成怎样？你们可以幻想图片上的人就是自己。写作文的时候，请你们用一张图片写成一段，总共要写成四段，写出自己喜欢的故事。

三、尾声

作文

①公布作文题目：海边露营记。

②解释题目。

③开始习作，教师巡视指导。

海边露营记

今天早上，爸爸载我们全家去海边露营。太阳高高地挂在天上，发出火红的光芒，我心想，在这种天气出门，一定可以玩得很开心，而且爸爸在出门前，还特地看过电视的气象预报，说今天的天气非常适合出游喔！

到了露营的海边，已经过中午了。我们把行李和露营用具放好，妈妈把毛巾铺在沙滩上，躺着晒日光浴；哥哥拿出他的收音机，听着吵闹的音乐；爸爸和我跑到海里游泳。海边的太阳看起来比平常还要大、还要热，我们高兴地在水里玩，爸爸开心地说："电视台的气象播报，实在太准了！"

傍晚，爸爸妈妈开始搭帐篷。我们没有搭过帐篷，爸爸和哥哥看了说明书，又讨论了好久，好不容易才把帐篷搭好。天色暗了，大家赶快把睡袋搬进帐篷里，但就在这时候，竟然下起大雨！我们只好赶快把东西搬回车上，开车赶回家。

到家时，已经很晚了，爸爸打开电视看气象报告，播报员说："晚上海边虽然下了一场雨，但是只下了几分钟，希望游客的心情不会受到影响。"爸爸生气地说："电视台的气象预报，根本就不准嘛！"

我想，不管怎样，我们还是过了个愉快的下午，我以后一定还要再去海边露营！

第九课　记叙文
——教室的旅行

第二次世界大战时，英国学校的师生，因躲避战争而移到乡间。当时物资缺乏，教学只好采取就地取材、户外教学、实地观察与操作等方式，无意中建立起以儿童为主，不限于教科书的、重视情境布置的教学方式，比传统的教法更适合学生。

我们学习其精神，在教学空间就地取材，善用身边容易取得的教学材料，在教学上发挥创意，并利用合作的方式，让学生互相讨论，彼此激荡出思考力。

儿童的天性是好动的，如果教师能够设计出动态的活动，让他们实际体验，得到见闻，发表感想，就是一篇生动活泼的好文章，而教师负责的是引导及协助，以激发学生的潜力为目的。

我们可以让学生讲故事、表演、玩游戏，也可以安排才艺活动。动态的作文教学，是让儿童运用多种感官，去动、去感、去触、去闻、去想、去做，然后把所经历的活动描述出来，让孩子能够轻松完成一篇有趣或感人的好文章。

今天的作文课，便利用既有的教室空间，就地取材，带领学生环绕教室一周，让学生描写自己上课的教室。教师扮演导游先生或小姐，学生则是旅行团的旅客。

旅游景点由教室的前门开始，依次是窗户、后门、布告栏、书架、讲台、黑板等。导游老师恪尽职责，每到一处“景点”，就对学生作详细地介绍，并与学生问答互动，倾听学生对各个“景点”的意见。

等到“旅行团”将教室周游一遍后，学生对教室的布置、摆设与所有细节，都有了观察和想法，就能完成一篇十分具有空间感的文章。

▶教学目标

①能认识记叙文的文体特性。

②能对环境与空间的描写具有概念。

③能增进观察力，并具备找出问题的能力。

▶教学准备

教学内容规划表：

教学主题	记叙文
说明主题的前奏	认识记叙文
教学活动	来一趟教室之旅
配合学习单（一）	人、事、时、地、物的组合
配合学习单（二）	人、事、时、地、物的写作
解释题目	教室的旅行
作文	作文

▶教学活动

一、前奏

认识记叙文

什么是“记叙文”？

记叙文就是以记人、事、景、物四类为主要内容，以叙述、描写为主要表现手法的一种文体，通过叙述事件的开头、发展、过程和结果，对事情或人物作全面介绍。

写人的记叙文如“我的好朋友”“我的爸爸”，写物的如“爱心便当”“一双旧皮鞋”，写事的如“最害怕的事”“迟到的那天”，写景的如“冬天的早晨”、游记等。

小朋友写记叙文时，要先知道什么是“五要”，就是五个重要的条件：人、事、时、地、物。写作文弄清楚五要，有助于写出完整的记叙文。

“人”是文章的主角，如果能把人物的个性、特质突出来写，就能塑造出生动的人物形象。“事件”是记叙文的主体，写作文的时候，先选好要叙述的事情，事情发生的时间、季节，时间点是过去、现在还是未来，都要交代清楚。

事件的发生，一定有个特定的地方，也就是“地点”，我们对地点的描述，应包括周遭环境及当时的气氛。有时，我们可以一件物品作为主角，像写人一样地描述物品的特质，物品和人的关系，物品背后发生的故事等。

记叙文的叙述方法，又有哪些呢？记叙文以叙述为主要方法，常用的有顺叙、倒叙和插叙。

顺叙就是按事情发生的先后次序进行叙述。倒叙是把事件的结局，或事件中最精彩的片段，提到文章前面，以引起读者的注意，再按事件的一般发展顺序进行叙述。插叙是我们在记叙某一事件时，由于情节需要，先插入记叙其他相关事件。

倒叙和插叙是长篇文章的写作手法，小朋友一开始，可以先学习顺叙的写法。

老师今天要带你们认识的，是写景记叙文。在写景记叙文中，写景不是文章的目的，而是透过写景来表达自己的思想感情，“人”还是很重要的喔！

描写时，可以按照我们目光、脚步的移动来写，或按照景物的不同类别次序来写，这样才不会产生杂乱。例如作文题目“校园一角”“我的房间”，校园、房间都是某一个空间，我们可以写这空间的景，也可以同时叙述在这个空间发生的事。

二、主曲

来一趟教室之旅

老师：小朋友，请大家到教室门口外面排队，老师今天要带大家去旅游。大家每天来学校上课，可是对我们教室的环境，大门的位置，桌椅、黑板、窗户、厕所的位置，都不一定很清楚。从现在开始，老师就是“导游小姐”，你们是四年二班旅行团的旅客，大家跟着导游小姐的介绍，一起来认识我们的教室吧！

学生跟着老师开始“旅行”。

老师：小朋友，当我们一踏进教室，第一眼看到的会是什么？

学生：看到桌椅和老师、同学。

学生：看到门口张贴的“教室公约”。

学生：看到同学很早就到教室，正在背课文。

老师：很好，我们第一眼对教室的印象是很重要的，它说明了你对教室最直接的感觉，以及对教室初步的观察。接着，我们从左边开始参观，门的旁边是一排窗户，坐在这边的小朋友时常看到什么呢？

学生：上课时会看到别班在上体育课，玩得很开心的样子。

老师：那时你的感觉是什么？

学生：觉得好羡慕喔！因为他们玩躲避球，我却在上数学课。

老师：哈哈，数学老师应该也很羡慕体育老师吧！还有呢？

学生：明亮的光线透过窗户照进来，坐在这边上课感觉很有精神、有朝气。

学生：坐在这边可以看到校园的花草树木，感觉好舒服！

老师：窗户是由白色的木头和透明的玻璃做的，颜色上给人清爽的感觉，为教室带来明亮的光线。我们继续走，来到教室的后门，小朋友常从这里跑出去，因为……

学生：因为后门离商店很近！

老师：没错，因为后门的便利性，所以比前门更常有小朋友出入。再走下去我们到了“布告栏”，这里有教室最重要的布置，也时常参加布告栏比赛得奖，上面有什么特别的地方呢？

学生：布告栏常贴写得很好的作文，让我们可以观摩学习。

学生：布告栏有一块地方叫作“诗人有约”，每个礼拜贴一首唐诗，让我们无形中记得许多诗。

学生：这里也分出“绘画展示区”，我们美劳课的佳作都会被贴在这里。

老师：对，剩下的一块区域就会张贴同学的“得奖名单”，考试成绩优异也会被贴在这里喔！接着，到了大家最喜欢的“读书区”。这里放了两个书架，每个小朋友每学期都提供一本书，放在这里，让全班同学都可以拿去阅读。

学生：我最喜欢这一区，这里除了有书，还放了花瓶，老师时常换新的花。

学生：我很喜欢这里的一本书《人鱼公主》，这是绘本，里面的公主好美丽，封面上还有银色的月亮。

学生：如果一学期可以读完书架的书，不知不觉就懂了许多事情耶！

老师：是的，我们放置书架的目的就是这样，每学期更换小朋友的书，让大家不用花钱也可以看好书，一起分享，还可以一起讨论。我们经过读书区，又来到一排窗户，在这里你们可以看到什么？

学生：看到学校的后花园和围墙。

学生：还有一些大楼。

老师：这里的特色是比较安静，因为见到的都是静态的景物，有房子、花草、围墙等，也很少有小朋友经过。

学生：在这里上课的心情会比较安静。

老师：对，所以我们每个礼拜都让小朋友换位置坐，让大家感受在不同位置上课的感觉。接着我们来到“涂鸦区”，这里有什么呢？

学生：有一块大白板，是让我们下课时画画用的。

学生：这里常有很棒的作品耶！

老师：“涂鸦区”是让大家即兴画画的地方，下课时，你觉得对上一堂课有什么感受，可以在这里把心情画出来，所以这里的图画时常换来换去的，也比较没有主题，这是它的特色。

学生：然后就到“本月寿星”的公布栏了！这是我最喜欢的一区。

老师：我们把每月生日的小朋友公布在这里，定期举办小小的生日会，让大家培养感情。每个月的寿星都有“小天使”守护喔！全班都是他们的小天使。

学生：被贴在上面的感觉很好，因为同学会特别关心本月的寿星。

老师：接着，我们看到黑板和讲台，这是老师讲课的地方，你们想不想也来这里对大家讲话呢？

学生：想！

老师：老师会让你们时常有上来讲话的机会，让你们也当个小老师。最后，我们看到“教室公约”，这可是教室最重要的地方喔！请大家念出来！

学生：上课不传纸条、不在教室内追逐、不要坐在柜子上吵闹、离开座位要放好椅子、书看完后要归位。

老师：我们订教室公约的目的，是为了维护教室的整洁和秩序，让大家有更好的学习环境，上课更舒服，所以大家要遵守公约喔！

请学生回到座位坐好。

老师：最后有几个问题请大家想一想，你最喜欢教室的哪个角落？那里有什么布置和摆设呢？你喜欢在这个角落做什么事情？再请你用譬喻法或拟人法来形容你对教室的感觉，例如有的小朋友写我的教室“像温暖的窝”，有的人写“像制造梦想的地方”，这是譬喻法，还有其他的比喻吗？

学生：教室像美丽的家园。

学生：教室就像天堂一样。

学生：教室像我的家一样，或像回到梦里一样。

老师：很好，大家还可以继续想喔！有的小朋友写教室是“我的好朋友”，因为会陪伴我读书，这是拟人法，还有别的例子吗？

学生：教室是我的老师，因为我每天从布告栏贴的文章学到很多东西。

学生：教室是我的妈妈，因为我从教室公约学会好的生活习惯。

老师：真的很棒呢！你们也可以用教过的夸大法，例如教室是“全世界最棒的地方”。

学生：没有其他教室比得上我的教室了。

老师：没错！教室是我们共同生活的地方，我们一起布置、一起帮它打扮，并且在这里学会很多知识，教室是独一无二的、最棒的地方！请小朋友看着学习单，来学习写记叙文，写出我们的教室吧！

配合学习单（一）范例

人事时地物的组合

小朋友，下面人、事、时、地、物的每一项都列出几个选择，请你在每一项用红笔圈选一样出来，然后组合成一篇短文，写在底下的“写作框”里。

1. 人：我、妈妈、爸爸、哥哥、姐姐、弟弟、妹妹
2. 事情：作文课、体育课、音乐课、数学课、美劳课
3. 时间：一年级、二年级、三年级、四年级、五年级、六年级
4. 地点：音乐教室、操场、美劳教室、教室、篮球场、校园
5. 物：考卷、课本、铅笔盒、作业簿、联络簿、作品

作文题目
我就是这样的人
写作框
我从小就很活泼好动。二年级上音乐课的时候，老师一开口唱歌，我就在台下和同学打打闹闹，下课离开音乐教室时，总是不把乐器放回原来的地方，老师对我总是十分头痛。我的好胜心也很强，总是喜欢看看同学的考卷，如果成绩比别人低，心情就非常不好，一定要超过他才可以，虽然成绩进步了，但也因为这样，有些同学不喜欢我。

配合学习单（二）范例

人事时地物的写作

小朋友，你每天都在教室上课，可是你真的记得教室的每个角落吗？每个角落有什么东西？是什么特色？你真的能描述出来吗？现在请你按照下面的指示填写。

★今天的作文题目是教室的旅行，请写出人事时地物：

人	我自己、同学和老师
事	玩游戏、下棋，或看故事书跟绘画
时	下课的时候
地	教室里面，最喜欢的读书区
物	书架、花盆、布告栏、黑板、讲台、涂鸦板

三、尾声

作文

①公布作文题目：教室的旅行。

②解释题目。

③开始习作，教师巡视指导。

教室的旅行

每天，当我踏进教室时，第一眼看到的就是木制的桌椅，排列得整整齐齐。每天很早就有同学到教室，安静地坐在座位上背书，老师也很早就在教室，有时和我们聊天，有时帮大家准备接下来的考试。我的教室在校园花圃旁，商店附近，是一个非常美丽的教室喔！

教室的每个地方我都喜欢，但最喜欢的是读书区。每到下课，我就去后面的读书区拿书来看，每一本书都好有趣。每学期大家会捐一本书给班上，整学期让大家自由取阅，登记归还，然后下学期再捐一本书，把上学期的书拿回家。大家都因此变得很爱看书了！这里还摆了漂亮的花瓶，老师时常为读书区换上新的花，让我们的心情也跟着换新。

我觉得教室是个温暖的地方，我非常喜欢来这里。教室像是我的老师，也像是我的朋友，只要我想要知道的事情，都可以在这里找到资料，得到答案，所以我最喜欢我的教室了！希望可以永远坐在教室里，和大家一起学习。

第十课　抒情文
——奇妙的情感世界

苏格拉底教学法（Socratic method），就是教师只负责提出问题，然后一边与学生讨论，一边不断地修正观念，所有的答案都必须由学生自己提出来。教师用一连串相关的问题，去激发学生的思考力，使真理越辩越明。

今天的作文课，便是使用问答引导的方式，与学生进行互动。我们透过问答，来引导孩子思考问题，帮助他们运用大脑去分析、归纳、批评、判断和解决，因而使思绪逐渐扩张，思考更为灵活。

课程以引导、问答、活动，或给予学生情绪感受等方式来进行。问话的题目事先经过设计，教师的提问需挑起孩子的“兴奋神经”，可选择孩子生活中常遇到的状况来发问，模拟在各种不同状况下，会产生的不同情绪，再倾听学生的想法。

“引导”并不是要老师决定学生表达的方向，或限制学生表达的范围和程度，而是帮助学生更进一步深层地表达，以学生现有的能力、程度为基础，而不超过其认知的程度。

教师以问答的形式引导，无意间提供许多线索，帮助学生找出答案，学生将由不会，变成对某种概念有深入的了解。

儿童处于懵懂时期，对于情感一知半解，很难掌握抒情文的意义，经过这次引导，将使孩子更了解自己对人、事、物的种种感受，并促进思考力的进步。

▶教学目标

①能认识抒情文的文体特性。

②能对情感的描写具有概念。

③能了解自己的情绪，并表现在作文上。

▶教学准备

教学内容规划表：

教学主题	抒情文
说明主题的前奏	认识抒情文
教学活动	体会情感世界
配合学习单	借物抒情的联想地图
解释题目	我最喜欢的人
作文	作文

▶教学活动

一、前奏

认识抒情文

抒情文是抒发情感的一种文体。

人是有感情的动物，《三字经》说："曰喜怒，曰哀惧，爱恶欲，七情俱。"人的情绪多半离不开喜、怒、哀、惧、爱、恶、欲这七种。生活中时常发生大大小小的事情，影响着我们的情绪，这时候我们拿起笔，透过文章来记录这些情感，就是写抒情文。

所以，抒情文的内容偏重"情"，不论是怀人、感事、念物或因景生情，都是在表达自己的感情，反映自己的情绪。

有很多作文题目，都是和喜怒哀乐有关，像"喜"，有"我最喜欢的人"；"怒"有"最令我生气的事"；"哀"有"最难过的事"；"惧"有"最害怕的事"；"恶"有"我最讨厌的人"；"爱"有"我最爱的人"。

小朋友拿到这些题目，从喜欢、生气、难过、害怕、讨厌、爱等关键字，就知道作文要写什么了。

描写情感的方式有许多种，我们可以用动作、夸大或譬喻等方法来写，例如“我高兴”，你可以写成“这件事使我高兴得跳了起来！”，用跳起来的动作，再加上惊叹号。写“我生气”还不够，可以写成“这件事让我气到睡不着，我一辈子都忘不了”，这是利用夸张来写生气的感觉。

如果写“我很难过”，只用“很”是不够的，写成“我难过得像快死掉一样”，就是利用譬喻和夸张，使难过的情感更强烈。

所以，小朋友可以运用学过的修辞法，来写抒情文喔！

有一种抒情文叫作“借物抒情”，是借着物品来带出自己的情感，所以这件物品，常是情感的象征。

例如，某天你看到一张相片，上面是你和同学烤肉的合照，你就会想到烤肉发生的趣事，和一些怀念的感觉。这种写法的重点不在描写物品，物品只负责带出你的感情，它是配角，事件和回忆才是文章的主角。

今天，我们就来写一篇借物抒情的文章吧！

二、主曲

体会情感世界

PART 1 测试喜怒哀乐

老师：小朋友，现在我们来做简单的情绪测试，让大家了解人的情感世界是怎么回事。仔细听老师问的问题，然后说出你们的感觉。第一题：“老师称赞我”。

学生：我高兴得跳起来！

老师：很好，这是用夸张的动作去强调情绪。再来：“被妈妈骂了”。

学生：我伤心地躲到棉被里哭。

老师：很好，再来：“爸爸买礼物送我”。

学生：我兴奋地赶快拆开礼物。

老师：“兴奋”这个词用得很好，还可以用开心、高兴、期待等来替换喔。下一题：“听到收卷的钟声响了”。

学生：我只好赶快把考卷交出去，写不完只好算了。

老师：“只好”，这个情绪叫作“无奈”，你可以记下来喔！再来：“快要月考了”。

学生：我很担心会考不好。

老师：很好，下一题：“老师要离开学校，不能教我了”。

学生：我心里好难过喔！

老师：有多难过呢？你可以使用譬喻或拟人来形容一下。再来：“弟弟把我的作业撕破了”。

学生：我气到很想打他的屁股。

老师：这里的“想打屁股”只是形容非常生气，不是真的要打吧？好，如果我们把对象从“我”换成别人，你们的情绪会有什么不同呢？让我们试试看！第一题：老师“称赞坐在我旁边的同学”。

学生：我的心里有一点忌妒他耶！

老师：对了，“忌妒”也是一种情感喔！再来：“哥哥被妈妈骂了”。

学生：幸好和我没有关系。

老师：因为不是你被骂。对不对？再来：“爸爸买礼物送妹妹”。

学生：我好生气，为什么爸爸这么偏心！

老师：爸爸送礼物给妹妹，但不是送你，每个人都会觉得很不平衡吧？继续：“听到跨年的钟声响了”。

学生：哇！新的一年开始了！新年快乐！

老师：和听到考试的钟声完全不同，对不对？再来：“姐姐快要月考了”。

学生：我还没有要考试，真开心！

老师：好像有点幸灾乐祸喔！下面：“讨厌的老师要离开学校了”。

学生：真高兴，以后不会被老师骂了！

老师：“弟弟把哥哥的作业撕破了”。

学生：我要把我的作业藏起来，不然也会被撕破。

老师：有没有发现，当事情发生在你身上，你的情绪会特别直接、强烈，可是当我们换了对象，事情变成发生在别人身上，你就觉得还好、没有什么，如果事情和你有一点关系，你才会有些紧张和防备。我们做喜怒哀乐的测验，就是让大家了解自己的情绪，还有人物在事件中的角色不同，表现出来的情绪就会有所不同。

PART 2 借物抒情

今天的作文题目是“我最喜欢的人”，这个题目可用怀人、感事、念物或因景生情等任何一种方式来写，我们先来练习借物抒情的写法吧！

有一篇文章叫《一对金手镯》，是作家琦君写的。琦君和小时候的好友阿月，分别得到作者的妈妈送的金手镯，两只手镯恰好是一对。过了几年，两人疏远了，不再连络，每当作者整理抽屉，看到阿月送她的小东西和金手镯，就想到两人儿时相处的一切，想到两人的友情，和长大后不同的命运，心里觉得很怀念，也有些感伤。这就是一篇“借物抒情”的文章。

借物抒情是要求写作时，以某个“物品”带出人的感情，也就是回忆和这件物品有关的人物和事情。

举个例子，平常你们的作文写得很好，上课很认真、勇于发言，老师都会赠送铅笔等小礼物，对不对？你们会怎么处理这些礼物呢？你们可能是放在书桌上，或收在抽屉里，用不到的时候，甚至会忘记礼物的存在。

我们假设一下，如果你们毕业了，在某天打开抽屉，看到以前老师送你们的铅笔，你们就会想到："啊！这支笔是语文老师送给我的耶！"接着，就想到和老师相处的情形。

现在，请你们找一件物品出来，利用下面的学习单，想几件和物品有关的人和事，最后写成一篇抒情文。

配合学习单范例

借物抒情的联想地图

小朋友，请你仔细看下面的联想地图，并想一想地图里面问的几个问题，然后把答案写在答案栏里。加油喔！

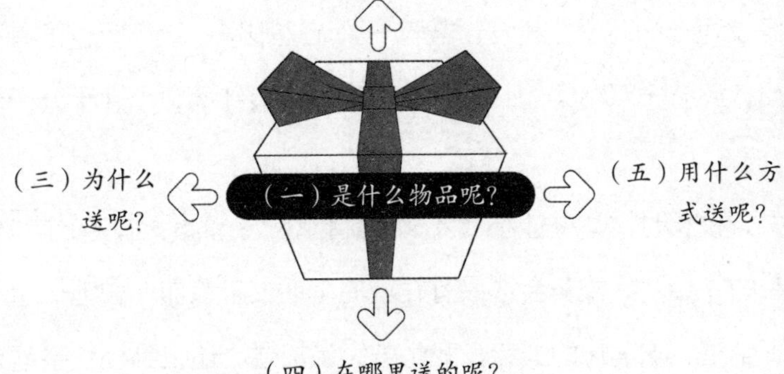

问题（一）：我收到的东西是一张小卡片。

问题（二）：是我们校长送给我的。

问题（三）：因为我很有礼貌，可以参加“校长的约会”活动。

问题（四）：校长在吃下午茶的时候送卡片给大家。

问题（五）：每个人都站在台上，然后校长送卡片，还和大家拍照纪念。

三、尾声

作文

①公布作文题目：我最喜欢的人。

②解释题目。

③开始习作，教师巡视指导。

我最喜欢的人

有一天晚上，我在房间整理抽屉，看到一张小卡片，上面写满鼓励的话，那是我最喜欢的校长送的。

我最喜欢的人，是我们的校长，她长得很漂亮，有一头像夜晚一样乌黑的长发，戴着一副无边眼镜，很年轻也很有气质，还有一双温柔的眼睛，脸蛋像苹果般红润，个性十分亲切友善。

校长时常举办让小朋友和老师们在一起的活动，叫作“校长的约会”。校长会选最有礼貌的小朋友来参加，和她一起喝下午茶、吃美味的蛋糕，我也曾经参加过，还收到校长亲笔写的卡片喔！那天每个获选的小朋友都站在台上，校长一一地颁发奖状和卡片给我们，还和我们拍照纪念，真的很难忘！

我想要对校长说：我最喜欢您了！祝福您永远青春美丽，也感谢您辛苦地照顾我们，更希望您永远平安、快乐！

第十一课　叠字修辞
——叠叠不休的文字

“叠字”是利用声音的同一性，来增加语调的和谐，或借着声音的重复，以强调语气，在作文中，我们时常使用叠字来描写事物。

人类在幼儿时期就常用到叠字，通常幼儿在听觉能力尚未完全成熟以前，无法将太长的句子听进去，所以当大人说了完整的句子，幼儿却只听到最后的一个字或名词，例如：我要喝“茶茶”、我要玩“球球”、吃“饭饭”等。

叠字是语言发展中，必然会出现的情形，等到孩子因外在环境的影响，学到更多的语言表达方式和语汇，叠字就会慢慢转换成复杂而有条理的语言。

古人作诗常用叠字法，顾炎武《日知录》云：“诗用叠字最难，‘河水洋洋，北流活活，施罛濊濊，鳣鲔发发，葭菼揭揭，庶姜孽孽’。连用六叠字，可谓复而不厌，赜而不乱矣！”又举《古诗十九首》为例：“青青河畔草，郁郁园中柳。盈盈楼上女，皎皎当窗牖。娥娥红粉妆，纤纤出素手。”就连用六组叠字。

欧阳修的《蝶恋花》：“庭院深深深几许？杨柳堆烟，

帘幕无重数。”以至李清照的《声声慢》：“寻寻觅觅，冷冷清清，凄凄惨惨戚戚。”均运用叠字，使诗歌充满音韵美，《诗经》里面更是充满了美妙的叠字。

将叠字当作形容词使用在作文里，可使文字变得“有声有色”，显得生动活泼许多。本课要教孩子认识叠字，了解文字奇妙的“叠”特性，并藉由叠字的组合游戏，带领孩子学会叠字的各种组合方法，并造出适当的句子。

当孩子学会使用叠字修辞，就可以在作文中加以运用，给人美的感觉及深刻的印象。

▶教学目标

①能认识文字“叠”的特色。

②能分辨叠字在不同感官摹写的使用。

③能利用叠字描述事物的特征。

④能将叠字修辞灵活地应用在写作上。

▶教学准备

教学内容规划表：

教学主题	叠字修辞
说明主题的前奏	认识叠字
配合学习单（一）	叠字与感官
教学活动	叠叠不休的文字
配合学习单（二）	用叠字来造句！
解释题目	夏天来了
作文	作文

▶教学活动

一、前奏

认识叠字

小朋友在写作文或说话时，常会用到一些叠字，以加强文句的生动和语气的活泼，使说话或作文的内容更加精彩。

在中文里，“叠”是“重复”的意思，用法是把两个一样的字当作一个“词”，如“美美”“白白”等。文章使用叠字，有“加强语气”的效果，像“静悄悄”是形容安静的样子，“潺潺”是形容流水的声音，“白嫩嫩”形容皮肤很白，肤质很细，“懒洋洋”形容懒惰的样子。

除了重复的涵义，“叠”还有“多”的意思喔！很多文字有“叠”的现象，通常是由三个同样的字，组成一个字，而且有多或大的意思，例如：树木多叫作“森”，石头多叫作“磊”，车轮声响大叫作“轰”，大水弥漫叫作“淼”，而“掱”这个字常和“扒”通用，“三只手”也是扒手的意思，很有趣吧！另外还有品、晶、毳、焱、鑫、麤、犇、骉、畾、猋等等。

叠字能使你的描写变美喔！我们形容一个女生“眼睛很大、很圆”，感觉很单调，如果帮它加上叠字：“她的眼睛水汪汪的，像是会说话。”就能把眼睛湿润的感觉，描写得十分传神。当我们闻到甜的气味，如果写成“甜丝丝”，就能将气味似有若无的感觉抓出来。

叠字还可使用在我们对感官的描写，例如：描写听觉可用“潺潺”的水流声，或虫声“唧唧”，这时叠字是作为状声词；描写视觉可用“黄澄澄”的稻田，或“黑黝黝”的皮肤，这时叠字是作为色彩形容词；描写触觉我们可用“软软的”麻糬，或“硬梆梆”的木板；描写嗅觉时可用“香喷喷”，或“臭烘烘”；描写味觉可用“酸酸甜甜”，或“苦苦的”。

叠字可以当作动词，如跑跑、跳跳、吵吵、笑笑；可以当作副词，如重重、漫漫；也可以当作形容词，如红红的、高高低低、淡淡的；还可以当作数量词，如条条、棵棵、串串等。

只要我们能记得许多叠字，并学会利用这些叠字来造句，那么，我们的作文功力，就会增强好几倍哦！

小朋友，你认识多少个叠字呢？你知不知道哪种感官描写，要用哪种叠字？现在，让我们利用下面的学习单，按照视觉、听觉、触觉、嗅觉、味觉，写出你记得的叠字吧！

配合学习单（一）范例

叠字与感官

小朋友，当我们描写感官的时候，如果能用一些叠字，就会让描写更加生动喔！你记得多少个叠字呢？请你按照视觉、听觉、触觉、嗅觉、味觉，写出你记得的叠字吧！

感官	叠字
视觉	红红的、长长短短、黑漆漆、亮晶晶、黄澄澄
听觉	潺潺、汪汪、静悄悄、嗡嗡、哗哗、叩叩、轰隆隆
触觉	痒痒的、滑滑的、黏答答、暖暖的、滑溜溜、毛茸茸
嗅觉	香喷喷、臭臭的、香香浓浓、淡淡的
味觉	苦苦的、酸酸甜甜、辣辣的、咸咸的、香香脆脆

二、主曲

叠叠不休的文字

PART 1 叠字的组成

小朋友，如果我们能善用叠字，就能使原本看起来平凡、普通的字眼，增加生动活泼的气息，使你的描写更生动喔！

但是，大家可能不知道，我们中文的叠字，就像积木等等的组合玩具，有很多不同的排列组合喔！老师现在就来介绍几种最简单的组成方式。

首先举一个例子，“红的”是大家常用的形容词，例如“红太阳”“苹果红得好美丽”等等，如果我们再帮它加上一个“红”，就变成“红红的太阳”“苹果红红的好美丽”。大家大声地读出来，比较看看，你们觉得两个“红”是不是比一个还要好听呢?

请大家看老师抄在黑板上的公式：

以上是两个字的叠字，再来我们看三个字的。

有一种叠字长得头儿小，身体长，它的排列是“ABB”，例如“一朵朵”“一串串”等，第一个字不一样，后面两个字一样；还有一种和它相反，长得头儿大，身体短，它的排列是“AAB”，例如“汪汪叫”“散散心”等，前面两个字一样，第三个字就不一样了。

请大家看黑板上的公式：

很有趣吧！还有一种叠字是由四个字组成的喔！它的头儿和身体是一样长的，排列方式是“AABB”，例如“匆匆忙忙”“高高兴兴”等，前面两个字是一组，后面两个字也是一组，将四个字组合起来而成，这种叠字非常多，大家说话时也会常用到。

请大家看老师的公式。

除了这些以外，还有许多成语或词语也出现会叠字喔！通常它的长相是“AA○X”，例如“栩栩如生”“欣欣向荣”等，只有前面两个字一样，第三、第四个字都不一样：另一种排列正好和它相反，是“○XAA”，例如“文质彬彬”“小时了了”等。

请大家看看公式。

很简单吧！相信大家经过这样的比较，对叠字的排列组合了解得更清楚了。现在，我们就来玩叠字的组合游戏吧！

PART 2 叠字组合游戏

教师在课前先挑选适当、符合学生程度的叠字，制作成“单字条”，例如“痒痒”，就将一个“痒”字做成一张字条，总共是两张，若是三个字的“胖嘟嘟”就作成“胖”

和“嘟嘟”两张，四个字的“匆匆忙忙”就作成“匆匆”和“忙忙”两张。其中一张由教师贴在黑板上，另一张发给学生，每人手上拿的都是不一样的字条。

活动步骤类似玩宾果，由教师喊出黑板上的一个单字，拿着相应单字的学生，就要站起来，和黑板上的字配对，然后让学生说出此叠字，属于哪种感官描写？属于动词还是形容词？并造出词语或造句。

教师可以用发放糖果等方式来奖励学生，激励学生的参与。以下为本课实作时挑选出的叠字，学生为三十人：

痒痒	绵绵	咩咩	嗡嗡	吹吹
冷冷	汪汪	紧紧	轰隆隆	一棵棵
一朵朵	一串串	毛茸茸	胖嘟嘟	脏兮兮
绿油油	气呼呼	黑漆漆	滑溜溜	香喷喷
匆匆忙忙	健健康康	弯弯曲曲	蹦蹦跳跳	闪闪发亮
吱吱喳喳	香香浓浓	高高兴兴	漂漂亮亮	红通通

老师：游戏开始！第一个字是“痒”！

学生：（拿“痒”字站起来）我穿了妈妈买的毛衣，觉得身体痒痒的很不舒服。

老师：这是属于什么感官呢？

学生：是触觉。

老师：很好喔！再来，“绵”！

学生：（拿“绵”字站起来）软绵绵的棉花糖，是我最喜欢吃的零食。这是触觉！

老师：用得很正确，下一个，“咩”！

学生：小羊“咩咩”地叫，应该是肚子饿了。

老师：“咩咩”用来模仿羊的叫声，叫作什么词呢！

学生：是“状声词”！

老师：很好，下一个，“嗡”！

学生：蜜蜂“嗡嗡”地飞来飞去，辛劳地采着花蜜。

老师：很好，下一个，“吹”！

学生：夏天的时候，我喜欢躲在房间吹吹冷气。

老师：吹冷气和吹吹冷气，听起来后者比较有悠闲的感觉吧？下一个，“冷”！

学生：冷冷的月光洒在地上，让人感到寒冷。这是触觉。

老师：小朋友造出好棒的句子，月光为什么让你感觉冷呢？

学生：可能是晚上冷，所以让人觉得月光是冷的。

老师：很棒喔！这是很好的联想。下一个，“汪”！

学生：小狗汪汪叫就代表有陌生人来了。这是听觉。

老师：很好，下一个，“紧”！

学生：一阵狂风吹过，我紧紧地抓住帽子，免得被吹跑了。这是动作描写。

老师：你还记得以前教过的动作描写，值得嘉奖喔！下一个，“轰”！

学生：天空轰隆隆地响，应该是快要打雷下雨了。这是听觉。

老师：“轰隆隆”也可以是车轮的声音，或是任何撞击声。下一个，“一棵”！

学生：校园里，一棵棵高大的老松树陪伴着我们成长。

老师：造得很好，下一个，“一朵”！

学生：蝴蝶像一朵朵会飞的花。是譬喻法。

老师：真棒的比喻。下一个，“一串”！

学生：一串串紫红色的葡萄，让人看了口水直流。是视觉描写。

老师：很好！下一个，“毛”！

学生：奇异果有毛茸茸的外皮和绿色的果肉。

老师：观察得很仔细。下一个，“胖”！

学生：我的弟弟长得圆滚滚、胖嘟嘟的，十分可爱。

老师：你还多用“圆滚滚”的叠字，很好。下一个，“脏”！

学生：每次上完体育课，全身总是被弄得脏兮兮的。

老师：很好！下一个，“绿”！

学生：绿油油的大地穿上亮丽的花衣裳，是春天来了！这是拟人法。

老师：很好！下一个，“气”！

学生：气呼呼的雨婆婆走了，彩虹妹妹才敢露出脸来。

老师：很好！下一个，“黑”！

学生：停电了，房间黑漆漆的，伸手不见五指。这是视觉。

老师：很好！下一个，“滑”！

学生：鱼儿滑溜溜的，很难用手抓住。这是触觉。

老师：很好，还有青苔也是滑溜溜的喔！下一个，“香”！

学生：我最爱吃妈妈煮的香喷喷的牛肉面。这是嗅觉。

老师：很好！下一个，“匆匆”！

学生：我每天都匆匆忙忙地上学。

老师：那是因为快迟到吗？哈哈，下一个，“康康”！

学生：妈妈把我们全家都照顾得健健康康。

老师：很好！下一个，“弯弯”！

学生：我们走过弯弯曲曲的山路，才到达山顶。

老师：很好！下一个，“跳跳”！

学生：弟弟的个性很活泼，总是蹦蹦跳跳的静不下来。

老师：也可以用来形容小猴子。下一个，“闪闪”！

学生：溪水在阳光底下闪闪发亮。

老师：很好！下一个，“吱吱”！

学生：每天早上，麻雀都在窗外吱吱喳喳地叫着。这是听觉。

老师：很好！下一个，“香香”！

学生：我最爱喝香香浓浓的玉米浓汤。这是嗅觉。

老师：很好！下一个，“平平”！

学生：旅行时要高高兴兴地出门，平平安安地回家。

老师：很好！下一个，“漂漂”！

学生：我喜欢每天把自己打扮得漂漂亮亮，心情也会很好。

老师：很好！下一个，“红通”！

学生：她的脸颊红通通的，整个人像是一颗会走路的苹果。

老师：这个比喻非常好，形容人红着脸像是走路的苹果，真有想象力！现在大家都熟悉常用的几个叠字了，我们就来做下面的学习单，复习一下刚刚所学的吧！

配合学习单（二）范例

用叠字来造句！

小朋友，现在老师写一个字在黑板上，请你造出它的叠字，并用这个叠字造出完整的句子来！

字	叠字	人或动物+叠字
咩	咩咩	小绵羊“咩咩”地叫，好可爱喔！
笑	笑呵呵	阿公笑呵呵地对我说：“要乖喔！”
气	气呼呼	爸爸气呼呼地坐在沙发上。
一	一朵朵	花园里，一朵朵的玫瑰盛开。
圆	圆圆的	妹妹有一张圆圆的小脸。
香	香香浓浓	早上我喝了一杯香香浓浓的牛奶。
汪	汪汪叫	邻居养了一只爱汪汪叫的狗。
冷	冷冰冰	夏天泡在冷冰冰的水里，非常舒服。

三、尾声

作文

①公布作文题目：夏天来了。

②解释题目。

③开始习作，教师巡视指导。

夏天来了

夏天来了！夏天是我最喜欢的季节。

你们一定很奇怪，为什么我会喜欢夏天呢？火辣辣的太阳晒得人很不舒服，可是我却喜欢夏天。因为夏天可以放长长的暑假，有两个月的时间，我不必到学校上课，可以到游泳池，泡着冷冰冰的水，或是在家里吹吹冷气，最重要的是，可以不用担心隔天要上学。

夏天，蓝湛湛的天空充满了朝气，是全家出游的好季节。我们在白天可以看到大自然的好风光，躺在绿油油的草地上，享受暖风吹拂，听听鸟儿啼叫，看着鱼儿游在清澈的水里，享受大自然的美好。

夏天来了，我可以吃到香香甜甜的西瓜。我最喜欢吃红色的西瓜，只要我看见好吃的西瓜，就会口水直流。我也喜欢吃冰淇淋，冰在嘴里融化的感觉，真的太棒了！

我爱夏天，夏天是我最爱的季节。

中文的"叠"体字

字形	字音	字义	《说文解字》
品	pǐn	性质、人品	众庶也，从三口。（段注：三人为众，故从三口。）
聂	niè	附耳低声细语	附耳私小语也。
轰	hōng	和扒并用，扒弄	
猋	biāo	犬奔跑的样子	犬走貌。
骉	biāo	马奔驰的样子	众马也。
麤	cū	粗糙、欠精细	行超远也。（段注：鹿善惊跃，故从三鹿。）
蟲	chóng	昆虫的总称	有足谓之虫。（段注：人三为众，虫三为虫，虫犹众也。）
鱻	xiān	新鲜的样子；鲜的古字	新鱼精也。（段注：自汉人始以鲜代鱻。）
犇	bēn	奔驰的样子；奔的古字	
羴	shān	膻的本字	
森	sēn	林木茂密	木多貌。
鑫	xīn	兴盛的样子	
淼	miǎo	大水弥漫	
焱	yàn	焰火、烟花	
垚	yáo	土高凸的样子；尧的古字	土高貌。
卉	huì	花草的总称	草之总名也。
磊	lěi	很多石头的样子；引申光明、坦诚	众石貌。
晶	jīng	明亮的样子	精光也。（段注：凡言物之盛，皆三其文。）
畾	léi	田间地	
劦	xié	同心协力；协的古字	同力也。
毳	cuì	鸟兽细毛状	兽细毛也。（段注：毛细则丛密，故从三毛，众意也。）

续表

轰	hōng	炮火破坏；驱逐	车声也。（段注：仓颉篇："众车声也。"）
矗	chù	高耸直立的样子	
雥	zá	鸟群	
灥	quán		

*段注为段玉裁注。

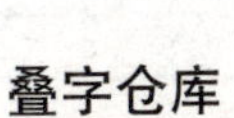

叠字仓库

AA				
潺潺	浅浅	深深	丝丝	漫漫
念念	绵绵	层层	紧紧	浓浓
痒痒	咩咩	喃喃	冷冷	袅袅
柔柔	嗡嗡	痴痴	咽咽	悠悠
玩玩	吹吹	伸伸	涓涓	渐渐
ABB				
一棵棵	一朵朵	一波波	一只只	一座座
一滴滴	一群群	一叠叠	一串串	毛茸茸
呼噜噜	胖嘟嘟	脏兮兮	静悄悄	绿油油
白茫茫	黄澄澄	乌溜溜	亮晶晶	阴沉沉
气呼呼	笑嘻嘻	懒洋洋	醉醺醺	圆滚滚
蓝湛湛	冷冰冰	光秃秃	凶巴巴	瘦巴巴
白嫩嫩	黑漆漆	水汪汪	红肿肿	火辣辣
湿漉漉	红通通	热腾腾	色眯眯	甜蜜蜜
油腻腻	喜孜孜	滑溜溜	热呼呼	白胖胖
兴冲冲	笑咪咪	黑压压	凉飕飕	硬梆梆
香喷喷	白花花	冷飕飕	闹哄哄	阴森森
雄赳赳	气昂昂	血淋淋	喜洋洋	牙痒痒
圆鼓鼓	眼巴巴	乐陶陶	松垮垮	空荡荡
黑黝黝	假惺惺	活生生	笑吟吟	光溜溜
孤零零	恶狠狠	羞答答	眼睁睁	轻飘飘
响当当	哗啦啦	慢吞吞	苦哈哈	赤裸裸
坦荡荡	娇滴滴	泪汪汪	软绵绵	顶呱呱

续表

白晃晃	灰扑扑	死翘翘	大喇喇	沉甸甸
AAB				
飘飘然	红红的	圆圆的	大大的	硬硬的
软软的	呱呱叫	柔柔的	汪汪叫	咕咕叫
轻轻的	散散心	透透气	悄悄的	苦苦的
洗洗澡	喝喝茶	吵吵架	抓抓痒	按按摩
欣欣然	偷偷的	傻傻的	默默的	痴痴的
跑跑步	散散步	眨眨眼	团团转	哈哈笑
走走路	看看书	下下棋	踩踩脚	逛逛街
AABB				
香香脆脆	弯弯曲曲	蹦蹦跳跳	迷迷蒙蒙	大大小小
老老少少	干干净净	整整齐齐	粉粉嫩嫩	香香浓浓
哭哭啼啼	酸酸甜甜	战战兢兢	吱吱喳喳	疯疯癫癫
吞吞吐吐	吵吵闹闹	双双对对	婆婆妈妈	高高兴兴
匆匆忙忙	轰轰烈烈	懒懒散散	安安稳稳	漂漂亮亮
扭扭捏捏	风风雨雨	洋洋洒洒	矮矮胖胖	高高低低
健健康康	细细长长	隐隐约约	滴滴答答	急急忙忙
点点滴滴	白白净净	平平安安	来来往往	欢欢喜喜
大大方方	反反覆覆	仔仔细细	出出入入	扎扎实实
嘻嘻哈哈	规规矩矩	三三两两	时时刻刻	熙熙攘攘
沸沸扬扬	朝朝暮暮	形形色色	浩浩荡荡	浑浑噩噩
花花绿绿	简简单单	安安静静	恭恭敬敬	鬼鬼祟祟
打打杀杀	千千万万	吃吃喝喝	凄凄惨惨	清清楚楚
斯斯文文	拉拉扯扯	风风光光	白白胖胖	冷冷清清
唯唯诺诺	结结巴巴	摇摇晃晃	明明白白	和和气气
老老实实	躲躲藏藏	汲汲营营	分分秒秒	长长久久
其他				
文质彬彬	气喘吁吁	丝丝入扣	议论纷纷	喃喃自语
闷闷不乐	昏昏欲睡	栩栩如生	姗姗来迟	虎视眈眈
虫声唧唧	沾沾自喜	奄奄一息	欣欣向荣	斤斤计较
啧啧称奇	喋喋不休	头头是道	窃窃私语	朗朗上口
彬彬有礼	滔滔不绝	井井有条	津津有味	依依不舍
呱呱坠地	兴致勃勃	小心翼翼	死气沉沉	飘飘欲仙
亭亭玉立	来势汹汹	嗷嗷待哺	小时了了	心心相印
津津乐道	蠢蠢欲动	行色匆匆	楚楚动人	恋恋不舍

续表

瓜瓞绵绵	格格不入	饥肠辘辘	刺刺不休	风度翩翩
泛泛之交	洋洋得意	花花世界	逃之夭夭	蒸蒸日上
牙牙学语	摇摇欲坠	草草了事	鼎鼎大名	多多益善
遥遥无期	虎虎生风	岌岌可危	侃侃而谈	寥寥可数
落落大方	没没无闻	息息相关	忧心忡忡	源源不绝
跃跃欲试	孜孜不倦	谆谆告诫	衣冠楚楚	循循善诱

第十二课　戏剧编写
——遇到坏人的时候

1930年，美国戏剧教育家Winifred Ward提出“创作性戏剧”（creative dramtics）教学，将戏剧应用在校园及教室中，是以戏剧形式来实施教学的一种方法。

“创作性戏剧”是一种即兴的教学形式。在教师的引导下，学生可以参与决定角色、动作、对话及情节等过程，提供自由空间，发挥创作力，使学生在肢体、心理、情绪与语言上，均有表现的机会，并能自发性地学习。

在过程中，学生有机会扮演各种人物，学习面对人生的许多情况，教师可引导孩子作出正确的反应，并设想他们在真实人生中，可能遭遇的各种情况，让他们以正确的态度去面对各种事物，作出决定并学会处理。

演戏在作文教学中经常被使用，透过演戏的方式，除了可以让学生学习课程内容外，也可以激发学生的潜能，并促进团结合作的精神。

今天的作文课，我们采取创作性戏剧教学的概念，以随编随演的即兴方式，将熟悉的“小红帽”故事改编成剧本。选择“小红帽”进行改编，是因为孩子对“小红帽”耳熟能详，故事内容亦具有生活教育的意义，教师不必花很多时间，就能使学生熟悉编写要点。

剧本的背景可以是现代社会，主角也可以是小学生，情节则由全体学生与老师一起思考，内容贴近孩子们的生活，因此别具意义。

孩子可藉由编剧，对“小红帽”故事想传达的意义，有更深刻的体会，在潜移默化中，将故事所传达的善意的一面，落实到生活，成为生活的一部分。

师生共同创作，可以有效提高学生的学习意愿，拉近彼此距离。大家从一起表决人物的名字，轮流想出人物对话，到彼此的讨论、互相辩论自己的想法，比较好坏，想办法说服其他同学，整个活动犹如开了一场热闹的“脑力开发会议”，孩子们的表现实在不逊于广告公司的创意人呢！

▶教学目标

①能学习团体合作的精神，增进师生关系。

②能主动发表对情节的看法与创意。

③能在编剧中培养对戏剧的敏感度。

④能将戏剧情节与生活常识联系在一起。

▶教学准备

教学内容规划表：

教学主题	戏剧编写
说明主题的前奏	认识剧本
教学活动	师生共同编剧
解释题目	遇到坏人的时候
生活指导	生活指导

▶教学活动

一、前奏

认识剧本

什么是剧本？

小朋友时常看童话故事，但对剧本很陌生。首先，老师要告诉你们，剧本和童话是不同的，剧本由许多对话构成，不需要对景色作描写，因为观众可以从舞台上的背景看到景色，从演员的动作去观赏表演，但是童话或其他的故事，就有大量的描写喔！这是最大的不同。

什么是对话呢？

对话可以推展情节、表达人物的思想感情、表现人物形象。有一位作家名叫林良，写了关于两条金鱼的故事。内容说，某天晚上，黑色的金鱼练习过跳高以后，就说：“主人睡了，主人的小孩子也睡了，没有人来看我们了。真没意思！”但是，另一条红色金鱼听了却回答：“没有人来看我们，才有意思呢！我不喜欢有人盯着我看。”大家从这里就很明显地知道，黑色金鱼的个性很外向、爱表现，很喜欢被人观赏，但红色金鱼则是内向、害羞、喜欢独处，短短的对话，就将它们的个性表现得很清楚了，所以，大家也要好好想一些精彩的对话喔！

在我们开始编剧之前，老师先简单说明剧本的格式，和编剧要做的工作。

我们要编剧，一定要先知道剧本的“主题”是什么，今天编剧的主题就是“遇到坏人的时候”，内容要具备时间、地点和角色，也就是故事的人物。

这出戏的时间就定在“放学后”，地点是在马路旁边，我们可以想一下，在马路边会发生什么事情。角色设定为四个，分别是一男一女的两个小学生、坏人叔叔和警察。

让我们先回顾一下“小红帽”的故事：

从前有个绰号叫“小红帽”的女孩，有一天，送一篮食物去给外婆，但是她没有听妈妈的话，直接赶到外婆家，而是在路上接受大灰狼的搭讪。大灰狼从小红帽口中探听到外婆的地址，它为了吃掉外婆和小红帽，就引诱小红帽摘采野花，自己却偷偷先赶到外婆家吃掉外婆，最后也吃掉了迟到的小红帽。故事最后，小红帽和外婆被一位好心的猎人从狼肚子里救出来了。

这个故事告诉我们，当我们一个人单独走在路上时，不要随便接受陌生人的搭讪喔！那很可能会带来危险。

小朋友虽然体型较小，还没有抵抗坏人的能力，但是你们已经很聪明了，能够预防危险了，如果遇到像大灰狼一样的坏人，你们会怎么处理呢？今天，就让我们一起编剧，一起来讨论这个问题吧！

二、主曲

师生共同编剧

PART 1 设计问题

在教学活动中，教师的角色是在学生的讨论偏离主题时，引导话题与剧情走向，避免因参与人数过多，造成创意的漫无边际。

教师可在学生提出不合理情节时，提出问题或给予意见，以帮助学生修正不适合的构想，并引导剧本的主题、协助选出故事的人物等。

教师可扮演坏人的角色，提出一些问题问学生，设定的问题如下：

①问路：小朋友，请问一下双溪公园要怎么走？叔叔不知道路耶！

②要求帮忙：我的小孩和同学出去玩了，不知道是不是去双溪公园……你们可以带叔叔去吗？

③给玩具：这是叔叔刚刚在便利店买到的玩具，给你们一人一个好吗？

④给面包和饮料：小朋友，今天天气好热喔，为了感谢你们带路，这两瓶饮料就送给你们喝！

⑤探听家庭背景：小朋友，你们叫什么名字啊？家里有几个人？爸爸妈妈在不在家呢？他们的工作是什么？

PART 2 共同编剧

接着，由师生合作编剧，让学生一人想一次人物的对白，或以分组方式，一组想一次台词，教师可将确定好的对白抄写在黑板上，并让学生抄在稿纸上。

剧本完成后，教师再汇整一份印给学生，于其他时间指导排练，并安排学生进行话剧表演，让学生有机会演出，来测试共同完成的剧本，并找出需要改进的地方。

老师：今天我们编的剧本叫作“遇到坏人的时候”。这个故事就像“小红帽”一样，是讲小朋友遇到坏人，但是没有上当，最后警察救了他们。从现在开始，老师就当那个坏人叔叔，你们就帮小明和阿美想对话吧！好，开始！

剧名：遇到坏人的时候

时间：傍晚放学后

地点：回家的路上，马路边

人物：小明（简称明）、阿美（简称美）、陌生的叔叔（简称叔）、警察

道具：面包、可乐、玩具

第一幕

旁白：小明、阿美是小学四年级的学生，有一天放学回家的时候，在路上遇到陌生的叔叔。

叔：（不怀好意地笑）请问小朋友，双溪公园怎么走？

明：（转头小声问美）这个叔叔好像有点怪怪的？

美：（点头）好像有一点！

叔：（不怀好意地笑）你们可以带我去双溪公园吗？

明：（伸手）嗯……可以是可以啦！但是你有没有吃的东西先给我们呢？

美：（打明一下）喂！老师说不可以随便吃陌生人的东西！

明：（回头对叔说）那不好意思……不用了！谢谢！

叔：（打一下拳头，独白）可恶！这两个小孩都不上当！

叔：（拿出Kitty胸章）叔叔这里有Kitty胸章喔！你们带我去公园，这个就送给你们好吗？

美：这种胸章我们有了啦！（伸手出去）限量版的我才要！

叔：（不知道怎么办）这个……这个……

明：（快要哭）可是……我没有Kitty胸章耶！

美：（踩明的脚）我家里有啦！回去再拿给你！

明：（痛苦）好痛啊！

（明、美继续走，叔跟上）

第二幕

叔：小朋友，你们叫什么名字？

明：（大声地说）我叫朱小明！

（美在旁边拉明的袖子，瞪明一眼）

叔：（问明）朱小明小朋友，你家里有几个人呢？

（明张嘴要回答，美用手捂明的嘴巴）

明：（说不出话，挣扎）呜……呜……

叔：（生气，独白）现在的小孩子太聪明了，可恶！（又问）你们的爸妈在家吗？

明：不在……（美踩明的脚，明改口）在家！在家！

叔：那你们爸妈的工作是什么？

美：（抢先答）我爸妈都是当警察的喔！

明：才不是……（美踩明的脚）

第三幕

旁白：就在这个时候，路边的警察走过来了。

警：（问叔）这位先生有什么事吗？

叔：（害怕）啊！没事没事！我只是问路而已……我突然有事要先走，拜拜！（快步跑走）

警：（问明、美）小朋友，你们是不是遇到坏人了？

美：是啊！刚刚那个叔叔怪怪的，一直问东问西，还问我们的名字、爸妈做什么工作，可是我们都没告诉他。

警：（摸明、美的头）小朋友，你们很聪明，以后记得不要和陌生人说话喔！如果有人问路，就赶快走，或是找人帮忙。天快暗了，你们赶快回家吧！

（明、美挥手向警察说再见）

~剧终~

PART 3 课后讨论

老师：各位小朋友，你们看了自己编的剧本，有没有发现什么有趣的地方呢？

学生：有，阿美的个性好凶！

老师：可是一开始还不会，好像是从张志威小朋友帮阿美想的对白开始，他说："喂！老师说不可以随便吃陌生人的东西！"然后，我们就想出让阿美打小明的点子。

学生：这句话决定后面的整个剧情耶！志威好厉害！

老师：你们现在知道"对话"有多重要了吧，志威的一句话，就决定了阿美是个很精明、个性强悍的女孩。

学生：阿美虽然很凶，但总算是救了阿明，不让阿明继续说错话是对的。

学生：对啊，阿明的个性……感觉很笨，常常快要被骗了，幸好有阿美在旁边提醒他。

学生：阿明被阿美打的时候，真的很好笑！

老师：所以阿美真的很聪明，虽然阿美很凶，可是她的动机是好的，是想保护阿明呀！

学生：如果我们每个人都有像阿美这样的朋友，那就太好了！他们两个人的对话和动作，打来打去的，又踩脚、又捂嘴巴，真的很好笑。

学生：捂嘴巴是我想的！哈哈！

老师：你们真的很有创意，好的剧本最重要的是要"有趣味"，要有幽默和好笑的地方。你们真的很棒呢！完全做到了这一点，不但情节有趣味，你们还让这两个主角的个性形成对比，从阿明的老实去衬托出阿美的聪明，这样人物的个性就非常有特色了。小朋友，你们已经抓到编剧的秘诀啰！

活动精灵

①编剧的活动开始前，要先投票表决人物的名字。

②教师扮演坏人叔叔的角色，坏人所说的对白，也是由教师事先想好的。

③活动可采取随编随演的方式，每想出一个小情节，就演一下看看效果。例如开头的坏人问阿明、小美双溪公园怎么走，扮演坏人的老师可以表演奸诈的表情，或是假装大灰狼的手势，作势扑向学生，如此带动欢乐的课堂气氛，学生将兴奋地投入课程当中。

④一次作文课通常只能完成剧本，无法进行表演，教师可择日安排话剧演出。

三、尾声

生活指导

剧本完成后，教师可扣紧剧本主题，借机给予孩子生活上的指导：

小朋友，当你们一个人或是只有一、两个人的时候，一定要注意自身的安全，请大家记住下面的原则，就能够平平安安地回家了。

第一，放学后，如果没有别的事，就要赶快回家，如果要去其他地方，一定要让家人知道，取得家人同意后，才可以去。

第二，平时要牢记家里的电话号码及地址，如果不小心迷路了，可以打公用电话向家人求救，也可以请巡逻或指挥交通的警察叔叔、阿姨以及便利商店的店员帮忙。

第三，如果遇到陌生人问路，小朋友只要告诉他怎么走就行了，不必亲自带路。如果问路的人说听不懂，希望由你带路的话，要先委婉地拒绝对方，再请对方问其他路人。

第四，路上遇到陌生人需要帮忙时，小朋友应该量力而为，最好是请旁边或附近的大人、消防队或警察帮忙。

第十三课　记忆游戏
——爸爸的姐姐是谁？

对老师或家长而言，最伤脑筋的就是孩子总是学过就忘，学了半天，好不容易有进展，过一个寒假，又变回原形，正是“学如逆水行舟，不进则退”。然而记忆力是可以训练的，重点不在学了多久，或学了什么，而是“怎么学”。

被开发的记忆训练法有许多种，例如组织法，就是将所学过的内容加以重新安排、整理，透过组织，让我们记得更长、更久，此外还有联想法、关键字法、故事法等。

但无论是运用哪一种方法，最终还是要经过反复练习，因此“重复”是增强记忆的不二法门，只是运用的技巧各有不同。

不断重复一件事绝对会增强记忆，譬如你反复弹奏一首钢琴曲，或将一部卡通看过三、四次，印象便极为深刻。

被使用最久的记忆法是“背诵”，背诵是我们从小到大应付考试和读书的唯一方法。虽然背诵也是利用“重复”的原理，但这种单调的重复容易令人生厌，使学生快速地丧失学习兴趣。

我们应使用带有竞争性的游戏来帮助记忆，因为游戏使人兴致勃勃，而竞争可使学生想着非把它记起来不可。有了强烈的意念，大脑的活动会更灵活，反应更迅速，联想的过程也能更快完成，同时排除了因为一味背诵而引发的厌倦感。

小学是孩子记忆力最强的阶段，因此教师不应鼓励孩子死记硬背。我们要先带领孩子了解事物的意义后，再开始玩记忆游戏，这样孩子才会记得比较轻松，也不容易忘记。

让小朋友借着游戏，反复学习，提升记忆力，一方面寓教于乐，一方面有家长或老师陪伴在旁，和孩子一起动脑，还可以增进亲子及师生关系。

▶教学目标

①能辨认亲属称谓及彼此的血缘、姻亲关系。

②认识自己与家人在家庭中的角色。

③能正确地将亲属名称与称谓对应。

④能思考自己与家人的沟通方式。

▶教学准备

教具：

亲属关系海报、称谓卡。

教学内容规划表：

教学主题	记忆游戏
说明主题的前奏	认识亲属关系与称谓
教学活动	爸爸的姐姐是谁?
解释题目	我们这一家
作文	作文

▶教具制作

名称1：

亲属关系海报

材料：

A4影印纸四张

制作步骤：

①海报应包含的亲属称谓如下：祖父、祖母、外祖父、外祖母、父亲、母亲、自己、哥哥、嫂嫂、姐姐、姐夫、弟弟、弟媳、妹妹、妹夫、伯父、伯母、叔叔、婶婶、姑姑、姑丈、舅舅、舅妈、阿姨、姨夫、堂哥、堂弟、堂姐、堂妹、表哥、表姐、表弟、表妹。

②教师可使用计算机绘图软件制作，或以手绘方式在大幅的海报纸上画出亲属关系图。

如下图所示：

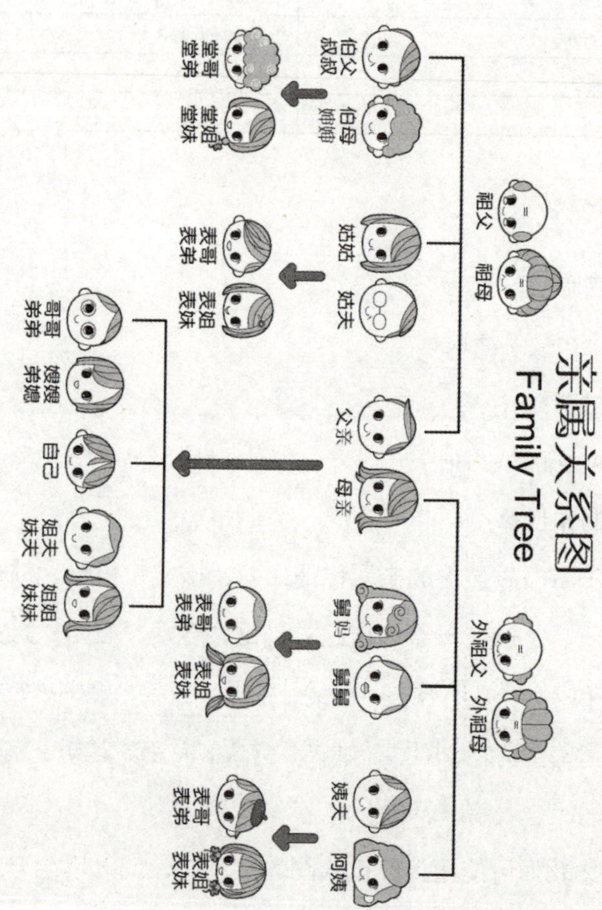
亲属关系图
Family Tree
祖父
祖母
外祖父
外祖母
伯父
叔叔
伯母
婶婶
姑姑
姑夫
父亲
母亲
舅妈
舅舅
姨夫
阿姨
堂哥
堂弟
堂姐
堂妹
表哥
表弟
表姐
表妹
哥哥
弟弟
嫂嫂
弟媳
自己
姐夫
妹夫
姐姐
妹妹
表哥
表弟
表姐
表妹
表哥
表弟
表姐
表妹

名称2：

称谓卡

材料：

A4影印纸约十张

制作步骤：

①每张A4影印纸可制作四张称谓卡。

②称谓卡上以红笔书写的代表母亲家族，黑笔书写代表父亲家族。

③教师可视学生人数，决定称谓卡的数量，称谓卡可以重复，例如“表妹”的卡可有两、三张，目的是为了配合学生人数。

▶教学活动

一、前奏

认识亲属关系与称谓

小朋友，我们生活在重视伦理秩序的社会，每个家庭都有自己的血缘关系，家族的成员就像树干一样日益茂盛。现代的小家庭，成员多半只有四、五个人，平常兄弟姐妹人口少，打打闹闹是常有的，但是在古老的中国，家庭人口往往多到数十人，却能生活在一起好几年喔！

在《旧唐书·孝友传》里便记载了这样的故事：古代在山东郓州这个地方，有位老先生，名叫张公艺，他家里的人口非常多，一家总共九代的人同住在一起，这种九代同居的现象，即使在古代也是非常少见的！

当时的皇帝唐高宗听到这家的事，觉得非常好奇，有一次，唐高宗路过郓州，就特地去拜访张公艺老先生，请教他维持家庭和乐的秘诀。张公艺老先生听了皇帝的问话，只是微笑，拿着纸笔写下几百个“忍”字。皇帝看了十分感动，才知道九代同堂的秘诀就是彼此忍让。

小朋友读过的《三字经》，就有一段讲家族血缘的：“高曾祖，父而身，身而子，子而孙，自子孙，至玄曾，乃九族，人之伦。”这段话告诉我们，一个家族是由高祖父、曾祖父、祖父、父亲、自己、自己的儿子、孙子、玄孙、曾孙所组成的，因为这样，才使我们祖先的血统，得以继承下来。

照道理说，我们应该最了解自己的家人，可是却有很多小朋友，不知道应该怎么称呼他们，遇到舅舅或阿姨，也不懂怎么称呼。

这堂课，老师就要带着小朋友，来认识自己的家人和他们的称谓。

二、主曲

爸爸的姐姐是谁?

PART 1 看图解说

老师：各位小朋友，黑板上贴的这张海报就是“亲属关系图”，也就是我们每个人的“家谱”，英文叫作“Family Tree”，你们看，是不是长得很像一棵枝叶茂盛的大树呢？我们的祖先就像树根，是我们出生的源头，而我们和其他家人就像是树干，不断地繁衍下一代。现在请你们仔细看图，请问大家，“自己”在哪个位置呢?

学生：是中间那个小男生，上面写着“自己”两个字。

老师：完全正确，不过如果你是女生，这个“自己”就是一个小女生了。我们首先往左右看，找到我们的兄弟姐妹了吗?

学生：找到了，可是旁边的嫂嫂、弟媳、姐夫和妹夫是什么?

老师：将来你们长大以后，如果结婚的话，哥哥的太太就叫“嫂嫂”，弟弟的太太叫“弟媳”，姐姐的先生叫作“姐夫”，妹妹的先生叫“妹夫”，因为婚姻的关系，我们会多出很多亲戚。接下来，大家有没有找到父亲和母亲?

学生：有啊！就是和自己连在一起的上面这两个人。可是什么叫作“父亲”“母亲”呢?

老师：有很多小朋友只知道爸爸、妈妈，却不知道什么是父亲、母亲。父亲就是我们的“爸爸”，母亲就是“妈妈”，很简单吧！父亲、母亲是比较正式的说法，平常我们都说爸爸、妈妈。

学生：原来是这样啊！难怪上次有个老师的作文题目是“我的父亲”，我看不懂这是要我写谁。

老师：老师真的看过有些小朋友不知道父亲、母亲是谁。让我们继续看下去，父亲和谁连在一起呢？

学生：祖父、祖母、姑姑、伯父和叔叔。

老师：我们要知道父亲这边的亲戚，都是我的家族成员，也就是“父族”。爸爸的父母叫作祖父、祖母，而爸爸的兄弟姐妹叫作伯父、叔叔和姑姑，另外伯母、婶婶、姑夫则是因为结婚而来。他们所生的孩子，像伯父、叔叔的小孩就是我们的“堂”兄弟姐妹，但姑姑的小孩则是我们的“表”兄弟姐妹喔！

学生：原来男生的小孩是我们的堂兄弟姐妹，女生的小孩是我们的表兄弟姐妹啊！

老师：一点儿都没错！你们好聪明。那么你们知道伯父、叔叔要叫你们什么吗？

学生：我知道，我听过叔叔对别人介绍说我是他的

"侄子"。

老师：没错，你们是伯父叔叔的侄子，不过也是姑姑的侄子喔！记得你们和姑姑同姓吧？

学生：对，我有五个姑姑都和我一样姓"陈"！

老师：我们看完了"父族"，现在来看妈妈这边的亲戚。妈妈的父母叫作"外"祖父、"外"祖母，为什么要加一个"外"字呢？因为妈妈的娘家叫作"外家"，所以妈妈的父母称谓要加上"外"。

学生：那妈妈的兄弟姐妹也要加"外"字吗？

老师：不必。妈妈的兄弟姐妹叫作舅舅和阿姨，另外的舅妈和姨夫也是因为结婚而来，他们的小孩是我们的表兄弟姐妹。

学生：图上面说，妈妈这边男生、女生的小孩都是表兄弟姐妹耶！

老师：是的，要记得喔，只有伯叔的小孩是"堂"。你们知道舅舅和阿姨要叫你们什么吗？

学生：是外甥！

老师：对，注意喔，这里也是用一个"外"字。以上妈妈娘家的亲戚都是"母族"，父族和母族都是我们的家人。

PART 2 记忆游戏

老师：既然你们都已经认识家人的称谓了，我们就来玩一个游戏，叫作“我的家人在哪里”。首先，请各位小朋友从桌上这些纸卡，任选一张，然后回座位坐好。

学生拿卡毕，回座。

老师：老师拿的卡是“自己”。你们先看清楚手上的纸卡，上面写什么？

学生有的说父亲、有的说表姐，七嘴八舌。

老师：好，你们记得老师演的是自己喔！当老师说“我的什么什么”在哪里的时候，手上拿着答案卡的人就要站起来说：“在这里！”我们先来练习一次：“我的父亲在哪里？”

一个学生拿着“父亲”卡站起来：在这里！

老师：（对学生说）爸爸！

全班哄堂大笑。

老师：我们拿到什么卡，就变成那个身份了，所以老师要叫王小平“爸爸”。哈哈，请坐下，我们继续下去。我的外祖父在哪？

一个小女生拿着“外祖父”卡站起来：在这里！全班大笑。

老师：（对学生说）姥爷！……大家知道外祖父的称呼是“姥爷”吗？

学生：知道！

老师：很好，我们现在加快速度。我的姑姑在哪里？

学生：在这里！

老师：姑姑，你要叫我什么？

学生：侄子！

老师：好棒喔！你的答案很正确，反应也很快喔！现在，相信大家都记得家人和我们的关系以及称谓了，在家里也可以和爸爸、妈妈一起练习喔！

活动精灵

①此游戏可一直玩下去。除了从“自己”出发，找出对应的称谓之外，也可由学生出发，例如从“阿姨”的角色开始，学生问：“我的先生在哪里？”手拿“姨夫”称谓卡的学生就要站起来说：“在这里！”

②实际操作时，学生玩得乐此不疲，虽然游戏的玩法一直重复，但带点竞争意味，孩子都会努力去想出正确的答案。经过这次游戏之后，大家都能清楚地记住了。

三、尾声

作文

①公布作文题目：我们这一家。

②解释题目。

③开始习作，教师巡视指导。

我们这一家

我有个幸福美满的家庭，住着爸爸、妈妈、弟弟和我。我也拥有许多亲戚，他们时常来看我和弟弟。家人之间充满了和睦、快乐的气氛。

我们的一家之主是爸爸，他的脾气像狮子，生起气来不得了，但是姑姑就不怕他。有一次姑姑说，小时候爸爸比我们还皮，还不小心把妹妹——就是她——搞丢了呢！被奶奶骂了一顿，原来爸爸有这样的一面。

我妈妈是家庭主妇，她的个性是非分明，每当我们做错事，她就会适当地处罚，让我们记取教训。阿姨是妈妈的小妹妹，两个人差了十几岁。听外婆说，阿姨是妈妈一手带大的，难怪阿姨就像我们的大姐姐。

我弟弟是家里年纪最小的，但是他很聪明，还是个计算机高手，我遇到和计算机有关的问题，就会问他，因为他的头脑和计算机一样聪明。弟弟非常喜欢帮助别人，所以全家都很疼爱他。

至于我嘛，则是表兄弟姐妹中最大的，算是他们的老大喔！所以爸爸每次都叫我要让着些弟弟妹妹，而我也非常喜欢和他们一起看故事书、一起玩游戏。

我有一个快乐的家庭，这样的家，你说我能不爱它吗？